Wilhelm Schmidt-Biggemann

Vom Glanz des göttlichen Wortes

Wilhelm Schmidt-Biggemann

Vom Glanz des göttlichen Wortes

Dimensionen spekulativer Bibelauslegung

HERDER

FREIBURG · BASEL · WIEN

MIX
Paper from responsible sources
FSC® C004378

www.herder.de
Umschlaggestaltung: Verlag Herder
Umschlagmotiv: Joseph Mallord William Turner, Interior at Petworth House, Öl auf Canvas, um 1837 – gemeinfrei via wikimedia
Satz: Barbara Herrmann, Freiburg im Breisgau
Herstellung: PBtisk a.s., Příbram
Printed in the Czech Republic
ISBN Print 978-3-451-39858-2
ISBN E-Book (PDF) 978-3-451-83397-7

Inhalt

Einleitung. Glanz des göttlichen Wortes

Es gibt wahrscheinlich nichts, was mehr zu Ausflügen der Phantasie anreizt als die Religion. Sie hat viele Facetten: Mythologie, Magie, kultische und liturgische Praxis, Ethik, Glauben, Vorstellungen von ewigem Glück und Unglück; sie ist der Ort, wo die existentiellen Fragen von Geburt und Tod verhandelt werden. Sie verspricht gar, noch dem Tod einen Sinn zu geben, indem sie als Ausweg aus der Todes-Sackgasse auf ein Jenseits verweist, wo das Leben angeblich weitergehen soll, auch hier wieder doppeldeutig: Entweder als ein Weg zur Auflösung des Selbst und als Erlösung vom Ich, oder als der Übergang in eine andere Welt, in der das Ich je nach seinen irdischen Taten unglücklich oder glücklich weiterexistiert. Gleichgültig, ob mit Furcht oder mit Hoffnung, es ist ein Verweis auf eine Welt jenseits unserer aktuellen Erfahrung, die wir uns doch nur mit den Bildern und Begriffen des diesseitigen Lebens vorstellen können, indem wir diese Denk- und Gedächtnisinhalte mithilfe unserer Phantasie steigern und intensivieren können. Diese Arbeit der religiösen Phantasie kommt der Attraktivität der Religion zugute – im schönen wie im schrecklichen Sinn.

Für die westlichen Großreligionen Judentum, Christentum und Islam gibt es eine Vorlage, die die Inhalte der religiösen Phantasie zentral bestimmt: die Offenbarung, von der alle drei Religionen annehmen, dass sie göttlichen Ursprungs ist. Dieser Ursprung wird monotheistisch definiert: Gott hat sich offenbart; der Adressat der göttlichen Offenbarung ist der Mensch; die Mittel der göttlichen Offenbarung sind Vernunft, Natur und Schrift. Diese Trias, wie immer sie im Einzelnen gedeutet wird, bildet die religiöse Substanz abendländischer Religiosität; und ihre Gehalte sind der Gegenstand der religiösen Phantasie. Voraussetzung der Religiosität ist die Anerkennung dieser Voraussetzungen; meistens wird diese Anerkennung als Glaube gefasst. Die religiös entscheidende Instanz ist die Schriftfassung der Offenbarung, das geschriebene göttliche Wort; diese Schriftoffenbarung hat wegen ihrer Sprachlichkeit, die eine Sinnpräzisierung der Offenbarung ermöglicht, die Tendenz dazu, sich zu monopolisieren; Natur und Vernunft, die religiös weniger prägnant sind, bekommen eher komplementäre Funktionen.

Die intellektuelle Verwaltung der religiösen Vorlagen geschieht in ihrer Verwissenschaftlichung, in der verbindlichen Festlegung der Offenbarungsschriften nach Titeln und Umfang, in der Bestimmung der zulässigen Deutungsbegriffe – hier spielen die griechische Metaphysik, Psychologie und Philologie eine Schlüsselrolle – und in der Perspektive auf die Natur als göttliche Schöpfung. Dieser Verwissenschaftlichungsprozess heißt ‚Theologie' – und alle monotheistischen Großreligionen unterliegen dieser Entwicklung, die sich unterschiedlich institutionalisiert: Im Judentum mit den Rabbinen, im Christentum mit den Kirchenvätern, im Islam mit den Rechtsgelehrten.

Eine wichtige Aufgabe dieser Institutionalisierung der Theologien besteht darin, die Interpretationsspielräume der Offenbarungsvorlagen zu kontrollieren und so die richtige Lehre von der falschen zu unterscheiden. Deshalb geht die Tendenz der institutionalisierten Theologien dahin, die jeweilige Orthodoxie zu stabilisieren. Aber das gelingt nie vollständig. Die Offenbarungsvorlagen sind zu vielgestaltig, als dass sie vollständig in die Deutungskorsette der orthodoxen Theologen passten, und die Verwissenschaftlichungsvorschriften können nicht verhindern, dass die Interpreten sich von Geist und Glanz ihrer Vorlagen erleuchtet fühlen und dass ihrer religiöser Phantasie Flügel wachsen. Das sind die Freiheiten der Spekulation.

Spekulation ist zunächst der Habitus, intellektuell die Bedingungen und die Grenzen des wissenschaftlich Vertretbaren zu bestimmen; Spekulation heißt aber auch, darüber hinauszugehen: Dann reißt der Gegenstand der Betrachtungen den frommen Interpreten über die Grenzen des strikt wissenschaftlich Vertretbaren hinaus ins Reich des Möglichen, Furchtbaren und Wünschbaren; und die Legitimation für diese phantastischen Flüge intellektueller Phantasie ist die Logik der Hinter- und Gegenwelt: Bei Gott ist kein Ding unmöglich. Das ist dann die Theorie, die Schau, das Theatrum, und Cicero und Boethius haben das griechische *theoria* auch in diesem Sinne als *speculatio* übersetzt, theologisch als Gesamtschau des Möglichen.

Die spekulativen Religionsentwürfe, die das vorliegende Büchlein vorstellt, sind Beispiele solcher interpretativen Grenzgänge. Sie zeigen in je eigener Weise, wie die Offenbarung theoretisch bedacht, spekuliert, kritisiert und in ihren Dimensionen bis in die exegetischen Extreme ausgelotet werden kann.

Das erste Kapitel zeigt, wie sehr die Theologisierung der Offenbarungsvorlagen von der griechischen Philologie bestimmt ist: Logostheologie und Kanonbildung strukturieren den Kernbereich der *christlichen* Religion: Dreifaltigkeitslehre, Schöpfung der Welt durch das Wort, Fleischwerdung des Worts in Jesus Christus – zugleich die Überlieferung dieser Lehre im lehrenden und berichtenden Wort der Bibel.

Die griechische Logostheologie hat in der *jüdischen* Kabbala ihr Pendant; aber hier geht es nicht, wie im Christentum, um das gesprochene Wort, sondern um die Schrift. Die hebräische Schrift wird in ihrer Form als zentrale Institution der göttlichen

Offenbarung begriffen. In dieser Deutung wird die Schriftform der Torah, der hebräischen Bibel, zum sakrosankten Schrein der Anwesenheit des göttlichen Glanzes in der Welt. Die Buchstaben des hebräischen Alphabets werden deshalb als die Elemente gedeutet, aus denen die Welt konstituiert ist. Das ist das Thema des zweiten Kapitels.

Der Schöpfungsprozess der Welt wird in der Bibel als Schöpfung durch das Wort verstanden. Gott konzipierte die Welt vorweg in Weisheit und Wort und realisierte sie dann: Es werde, *fiat*. Aber was können wir, die Menschen, überhaupt von der göttlich geschaffenen Natur wissen? Ist unsere Kenntnis nicht nur äußerlich, und bleibt uns das Wesen der Dinge nicht verborgen? Die Bibel gibt im Buch Genesis den Hinweis, dass Adam auf göttliches Geheiß den Tieren Namen gegeben habe, „und wie er sie nannte, so sollten sie heißen", denn Adams Namen entsprachen dem göttlichen Schöpfungswort. Zwar ist diese adamitische Weisheit, wie die Erfahrung unserer Irrtümer zeigt, mit dem Sündenfall teilweise verloren gegangen, aber spekulative Interpreten dieser Bibelstelle versuchten, die Sprache Adams zu rekonstruieren und so Einblick in das Wesen der Dinge zu erlangen. Über die Entstehung, Blüte und Kritik dieser Spekulation berichtet das dritte Kapitel.

Dass der Glaube an den einen Gott verschiedene Religionen erzeugt hat, ist spätestens seit der Abspaltung des Christentums vom Judentum ein Ärgernis, und dieses Ärgernis wurde mit der Entstehung des Islam nur noch schlimmer. Es hat deshalb, zumal vom Christentum ausgehend, im europäischen Mittelalter und in der Frühen Neuzeit Versuche gegeben, die verschiedenen Religionen zu vereinen. Diese Versuche beinhalteten immer, dass die Gemeinsamkeiten der Religionen zunächst herausgestellt wurden – wobei die jeweiligen Grenzen der Orthodoxie deutlich überschritten wurden. Am Ende mündeten die Vereinigungsbestrebungen christlicherseits aber denn doch in missionarischen Vereinnahmungstendenzen; die Vollendung der Religion sollte dann die christliche Weltreligion sein. Davon handelt das vierte Kapitel.

Die erste Weltkatastrophe, von der die Bibel berichtet, war die Sintflut. Dieser Bericht ist sozusagen die zweite Gründungsgeschichte der Menschheit; von Noahs Kindern stammen, wenn man der Bibel glauben will, alle Stämme der Menschen ab. Für den aufmerksamen Leser dieser Urgeschichte ergaben sich freilich erhebliche Probleme, theologische, aber auch geologische. Von den Kirchenvätern an versuchten die biblischen Interpreten nämlich, die Frage zu beantworten, woher denn das viele Wasser für die Flut hätte kommen können. Im 17. Jahrhundert schließlich spekulierte Thomas Burnet, ein englischer Theologe, dass auch die Erde eine Geschichte habe, dass nämlich die Sintflut als erdgeschichtliche Katastrophe das Ende der Paradieszeit bedeute und dass die Erde schließlich im Weltenbrand vergehen und in einen Kristall verwandelt werde, eine These, die in der beginnenden geologischen Wissenschaft des 19. Jahrhunderts zum Gegenstand heftiger Polemik wurde. Die Deutungsgeschichte der Sintflut ist Gegenstand des fünften Kapitels.

Die Frage, wie weit man die biblische Geschichte als historischen Bericht ernst nehmen konnte, beanspruchte die Exegeten bis an die Ränder ihrer intellektuellen Phantasie. Aber der Kredit, dass die Bibel doch recht habe, war nicht unbegrenzt belastbar. Derjenige, der die Grenzen des biblischen Anspruchs, historische Wahrheiten zu verkünden, kritisch und destruktiv aufzeigte, war der Hamburger Philologe und Philosoph Hermann Samuel Reimarus. Er destruierte die Kernaussagen der jüdischen und der christlichen Dogmatik, den Auszug aus Ägypten und die Auferstehungsgeschichte

Jesu. Er wusste, was er tat. Lessing hat die Texte herausgegeben und kommentiert, aber er hat es bei dieser Destruktion nicht bewenden lassen wollen. Im selben Atemzug bot er eine geschichtstheologische Kompensation an: Seine *Erziehung des Menschengeschlechts* spekulierte über ein drittes Zeitalter der Vollendung aller Wesen, in dem sich Welt und Himmel, Gott und Mensch verbinden sollten.

Sollte man ein vorläufiges Fazit dieser Texte versuchen, bestünde es in der Feststellung, dass der Glanz des göttlichen Wortes und das erbaulich-phantastische Potential der Offenbarung unerschöpflich und die spekulativen Deutungen unbegrenzbar sind. Auch die historische Kritik der Bibel kann dieses Potential anscheinend nicht entschärfen. Diese Tatsache mag für die Emanzipierten ein Ärgernis und für die Vernünftigen eine Torheit sein, aber sie könnte die Gläubigen trösten. Das jedenfalls wäre zu hoffen.

1. Die Welt als Wort und Schrift

Buchreligionen und Kanonisierung – Die Sprache Gottes – Die Wortförmigkeit der Welt – *Sophia/Hokhmah* und *dawar/logos* in den *Sprüchen* und der *Weisheit Salomonis* – Philon von Alexandrien – Jesus Christus als fleischgewordener Logos: Johannesprolog – Die Christologie des Paulus – Die Alternative: Torah oder Jesus Christus – Sprache und Sprachen als theophilologisches Kriterium – Die Torah als *Sophia/Hokhmah*

Buchreligionen und Kanonisierung

Die Buchreligionen (Judentum, Christentum, Islam) sind von einer Doppelung geprägt; sie beziehen sich auf das Wort und die Schrift. Das sind zwei durchaus verschiedene Formen von Sprache: Das Wort wird gesprochen – performativ – ist flüchtig im Vollzug, lebt im Gedächtnis. Die Schrift ist dauerhaft, sie ist materialisiert; sie lässt sich, wenn sie gelesen wird, sozusagen ‚zurückworten', aber sie kann auch ihren Sinn eröffnen, ohne dass man weiß, wie sie ausgesprochen wurde.

Die Frage nach der Wortförmigkeit der Religion wird im Christentum mit dem griechischen Terminus Logos bestimmt, der philosophisch auch ‚Vernunft' bedeuten kann. λόγον διδόναι, Rechenschaft geben, ist die Forderung rationaler Philosophen. Aber worin diese Rechnung der Rechenschaft genau besteht, darüber streiten sich die Philosophen seit Sokrates. Das hebräische דבר *(dawar)*, das man gleichermaßen als ‚Wort' und ‚Sache' wiedergeben kann, ist hingegen auch das

Wort, mit dem Gott die Welt schuf. Dieses göttliche Wort ist zugleich als Schrift, als Heilige Schrift, offenbart; es ist mithin gleichermaßen schöpferisch als auch belehrend; und als belehrendes ist es buchförmig.

Die Buchreligionen sind ‚Schriftreligionen'. Das ist leicht dahingesagt. Denn bis die Religionen sich selbst als durch die Schrift definiert begriffen haben, war es ein langer Prozess. Gottes Wort ist nicht einfach identifizierbar. Es muss als Text gefasst, d. h. sprachlich verwoben und dann geschrieben vorliegen. Das setzt eine Schriftkultur mit einer funktionierenden Philologie voraus. Es müssen zunächst Texte aufgefunden und aufgeschrieben werden, die anschließend untereinander verglichen und nach ihrer Wichtigkeit und Richtigkeit, d.i. unter der Perspektive des erwarteten und erhofften Sinns geordnet und gewertet werden. ‚Falsche' Texte, die der Ordnung, d. h. die den erwartungskonformen Texten nicht entsprechen, werden ausgeschieden; die übriggebliebenen werden als verbindlich festgelegt: Derlei ist Kanonbildung, und diese Kanonisierung ist die wichtigste Aufgabe der Schriftphilologen, und sie ist unvermeidlich.

In der jüdischen Tradition führte diese Kanonisierung zum hebräischen תנך (Tanakh) (d.i. תורה Torah – fünf Bücher Mosis, נביאים Neviim – Propheten; כתובים Ketuvim – Schriften), dem christlichen ‚Alten Testament'. Allerdings ist die Kanonbildung deshalb besonders komplex, als die Schriftensammlung, die dann die hebräische Bibel ausmachen sollte, zunächst in einer griechischen Fassung um 250 v. Chr. in Alexandria zusammengestellt wurde, der Septuaginta. Die hebräische Fassung des Tanakh ist in der nachexilischen Zeit bei Jesus Sirach (ca. 180 v. Chr.) als Sammlung fassbar (Kap. 49) und erst nach der Zerstörung Jerusalems (70 n. Chr.) kanonisiert worden.

Die Geschichte des neutestamentlichen Kanons ist kompliziert genug, und sie wurde nicht vor Ende des vierten Jahrhunderts abgeschlossen. Der 39. Osterbrief des bedeutendsten Verteidigers der Konzilsbeschlüsse von Nicaea, des Kirchenlehrers und Bischofs Athanasius von Alexandria aus dem Jahre 367 stufte die bis heute anerkannten 27 Schriften des Neuen Testaments als für die Kirche verbindlich ein.[1] In der lateinischen Kirche hat erst Papst Gelasius I. (492–496) in seinem *Decretum Gelasianum de libris recipiendis et non recipiendis* den Kanon des Alten und des Neuen Testaments festgelegt und damit zugleich seine eigene Autorität als Papst bekräftigt. Die Diskussion darüber, ob denn diese Kanonizität historisch angemessen war, hält an.[2]

Trotz Theodor Nöldeckes, Angelika Neuwirths und Mouhanad Korchides Anstrengungen,[3] den Koran als Prozess einer historischen Kanonisierung Anfang des 8. Jahrhunderts zu interpretieren, bleibt in fast allen muslimischen Denominationen der dogmatische Anspruch bestehen, der Text sei dem Propheten Mohammed vom Engel Gabriel in die Feder diktiert worden. Seit Kalif Uthman Ibn Affan (574–656) gilt die Redaktionsgeschichte des Koran als beendet und die Kano-

[1] Vor Athanasius waren verschiedene andere Listen des NT im Umlauf. Athanasius‘ Deutsche Übersetzung des 39. Osterbriefs in: *Sämmtliche Werke des heiligen Athanasius* 4. Kempen 1837, S. 238 f.

[2] Klaus Berger und Christine Nord: *Das Neue Testament und frühchristliche Schriften.* Übers. u. komm. von Klaus Berger u. Christine Nord. Frankfurt und Leipzig: Insel 1999.

[3] Theodor Nöldecke: *Geschichte des Korans.* 1. Aufl. Göttingen 1860. 2. erw. Ausgabe, bearb. von Friedrich Schwally. Leizig 1909. ND Hildesheim: Olms 1961; Angelika Neuwirth: *Der Koran als Text der Spätantike. Ein europäischer Zugang.* Berlin: Verlag der Weltreligionen 2010; dies.: *Koranforschung – eine politische Philologie?* Berlin, Boston: De Gruyter 2014; Mouhanad Khorchide: *Gottes Offenbarung in Menschenwort. Der Koran im Lichte der Barmherzigkeit.* Freiburg: Herder 2018 (= Herders theologischer Koran-Kommentar).

nisierung als abgeschlossen. Die Frage der Kanonisierung war hier offensichtlich schon bald nach dem Tode des Propheten Mohammed ein dringendes Problem für den Zusammenhalt des frühen Islam.

Die Sprache Gottes

Die Vorstellung, dass Propheten die ‚inspirierten' Sprecher Gottes sind, konstituiert die Buchreligionen. Zuerst war nämlich das Wort, das aus dem Munde Gottes tönte. Dieses Wort ist erst durch die Propheten in menschliche Sprache transponiert worden: das gilt für Moses und für Mohammed gleichermaßen. Beide haben in einem Offenbarungsakt ihren Text ‚diktiert' bekommen: Moses auf dem Berge Sinai, und Mohammed in nächtlichen Erscheinungen. Das Neue Testament ist von anderer Struktur: Es erzählt die Geschichte des Jesus von Nazareth, des Christus, der das fleischgewordene Wort Gottes und in diesem Sinne Gottes Sohn ist. Seine Worte sind nicht von ihm aufgeschrieben, sondern werden von den Evangelisten berichtet. Hier kann zwischen dem Wort und der Person Jesu Christi und der Offenbarung nicht mehr unterschieden werden.

Diese Offenbarungen beanspruchen, glaubwürdig und verbindlich zu sein. Welche Sprache Gott denn ‚gesprochen' hat, als er sich offenbarte, scheint zunächst kein wichtiges Kriterium gewesen zu sein. Im hellenisierten Judentum wurde griechisch gesprochen, in Palästina zur Zeit Christi Aramäisch, und es gibt die Targumim, Übertragungen des hebräischen ‚Urtextes', ins Aramäische, damit die Texte der hebräischen Bibel verständlich blieben. Auch für die Texte des Neuen Testaments ist die Frage danach, in welcher Sprache sie geschrieben wurden, zunächst nicht entscheidend, andernfalls hätte man die aramäisch gesprochenen Worte Jesu im aramäischen Urtext wohl so verehrt, dass man sie aufbewahrt hätte. Aber die Spruchquelle Q, die Jesu Worte überliefert, ist griechisch verfasst. Die Frage nach der *veritas Hebraica* kommt im Christentum erst mit Hieronymus' (347–420) Arbeit an der Übersetzung des AT auf, und hier orientiert er sich am hebräischen Tanakh.

Bei der Heiligkeit des Arabischen, die für den Koran beansprucht wird, ist die Diskussion um die heiligen Sprachen, die im Judentum und Christentum höchst kontrovers verlaufen sind, von Beginn an entschieden. Diese Vorentscheidung für das Arabische setzte allerdings die Diskussion um die Sprache der Offenbarung voraus, die zwischen Juden und Christen stattgefunden hatte.

Die Wortförmigkeit der Welt

Kann man die Welt logisch erklären, mit dem ‚Logos'? Dieser Optimismus ist ein Moment der griechischen Philosophie. *Logos* heißt hier mancherlei, ‚Wort', ‚Sprache', ‚Vernunft'. Wenn Logos und Welt miteinander verknüpft sind, dann ist das wirkungsgeschichtlich ein Moment stoischer Naturphilosophie und Metaphysik: Ein Fragment von Chrysipp (3. Jh. v. Chr.) ist einschlägig: „Das Schicksal ist der Welt Logos oder der Logos dessen, was in der Welt durch die Vorsehung besorgt wird, oder der Logos, dem gemäß das Entstandene entstanden ist, das Werdende wird, und das, was entstehen wird, entstehen wird."[4]

Ein Vergleich mit der hebräischen Bibel: „Im Anfang schuf Gott Himmel und Erde. … Und Gott sprach: es werde Licht". Und immer, wenn Gott spricht, geschieht es (Ps 33). Gottes

[4] Stobaeus, Ecl. I, 79, SVF 2, S. 913. Zit. nach dem *Historischen Wörterbuch der Philosophie* (= HWPh), ‚Logos', Bd. 5 (1980), Sp. 495.

Worte haben reifizierende Kraft – diese Schöpferkraft des Worts macht die Welt wortförmig. Die Rolle des Wortes ist nicht, dass es etwas schon Existierendes benennt, vielmehr ist das Wort diejenige Instanz, die die Dinge in die Existenz ruft: also die höchste Befehlskraft überhaupt, die etwas aus der Nichtexistenz in die Existenz ‚rief'. Sobald dieses „sprach und es ward" mit der Logostheorie der Stoiker in Berührung kam, wurde aus dem hebräischen *dawar* der Logos und die Weltvernunft: Dieser Prozess ereignete sich im zweiten vorchristlichen Jahrhundert; und jetzt wurde Gottes Wort/ *dawar/logos* zu Gottes Braut. Es gibt in den jüngeren Teilen der hebräischen Bibel und in der Septaginta drei ‚Bücher', die die Weisheit Gottes bei der Schöpfung der Welt beschreiben: Jesus Sirach (Ecclesiasticus), die Sprüche (משלי שלמה *Mischle Schlomo*, gr. Παροιμίαι Σαλωμῶντος, Proverbia Salomonis) und das Buch der Weisheit (gr. Σοφία Σαλωμῶνος, Sapientia Salomonis)'.[5]

Sophia/ hokhmah und dawar/ logos in den Sprüchen und der Weisheit Salomonis

Wie stellt sich das Verhältnis von Weisheit (heb. חכמה *Hokhmah*, gr. Σοφία) und Wort (דבר *dawar*, λόγος) dar? Der Psalm 33 [32],6 lehrt: „Durch das Wort des Herrn sind die Himmel erschaffen". Linguistisch gesprochen ist die Weisheit die Fülle aller Wörter, die Sprache, die Potentialität der Welt,

[5] *Nota bene:* Es besteht die Verwechslungsgefahr der *Sapientia Salomonis* mit den *Proverbia Salomonis*. Die *Proverbia* sind hebräisch und griechisch überliefert und Teil des hebräischen Tanakh, sie finden sich so auch in der Lutherbibel. Die *Sapientia Salomonis* ist nur griechisch in der Septuaginta überliefert, sie findet sich auch als ‚deuterokanonisch' in der Vulgata (der lateinischen Bibel des Hieronymus), in Luthers Übersetzung wurde das Buch in die ‚Apokryphen' verbannt.

und das wirkende Wort ist die Performation der Sprache/Weisheit, durch die die vorkonzipierten Dinge wirklich wurden.

In Spr 8,6 spricht die Weisheit und preist sich selbst: „Hört her! Aufrichtig rede ich. Redlich ist, was meine Lippen reden. Die Wahrheit spricht meine Zunge". Vor allem aber ist diese Weisheit der Plan und die Freude der Welt – ihr Logos:

> Der Herr hat mich geschaffen im Anfang seiner Wege, vor seinen Werken in der Urzeit; in frühester Zeit wurde ich gebildet, am Anfang, beim Ursprung der Erde. Als die Urmeere noch nicht waren, wurde ich geboren, als es die Quellen noch nicht gab, die wasserreichen. Ehe die Berge eingesenkt wurden, vor den Hügeln wurde ich geboren. Noch hatte er die Erde nicht gemacht und die Fluren und Schollen des Festlands. Als er den Himmel baute, war ich dabei, als er den Erdkreis abmaß über den Wassern, als er droben die Wolken befestigte und Quellen strömen ließ aus dem Urmeer, als er dem Meer die Satzung gab und die Wasser nicht seinen Befehl übertreten durften, als er die Fundamente der Erde abmaß, da war ich als sein geliebtes Kind bei ihm. Ich war seine Freude Tag für Tag und spielte vor ihm allezeit. Ich spielte auf seinem Erdenrund, und meine Freude war es, bei den Menschen zu sein (Spr 8,22–31).

Das also ist die Weisheit, Gottes geliebtes Kind, die vor der Welt existierte und die dabei war, als die Welt geschaffen wurde; sie spielt vor Gott. Das geliebte Gotteskind ist die Allegorie des Logos; es ‚ist dabei', wenn das All entsteht. Ohne Zweifel ist die Weisheit hier als Geschöpf Gottes gedacht, und sie ist die Verkörperung von Gottes Zuneigung für die Welt; „meine Freude war es, bei den Menschen zu sein" – das entspricht durchaus dem stoischen λόγος ἐνδιάθετος, der dem Menschen innewohnt.[6]

Im *Buch der Weisheit*, das später entstanden ist als die *Sprüche Salomonis* und nur griechisch überliefert, wird die Sophia – die Repräsentantin der *Hokhmah* – noch näher an den Schöpfergott herangerückt, sie wird zu seinem ‚Atem' und ‚Spiegel'; die Terminologie ist ganz griechisch und setzt den Terminus ‚Geist' (πνεῦμα) voraus:

> In ihr ist ein Geist, gedankenvoll (νοερόν), heilig, einzigartig, mannigfaltig, zart, beweglich, durchdringend, unbefleckt, klar (σαφές), unverletzlich, das Gute liebend, scharf, nicht zu hemmen, wohltätig, menschenfreundlich, fest, sicher, ohne Sorge, alles vermögend, alles überwachend und alle Geister durchdringend, die denkenden, reinen und zartesten. Denn die Weisheit ist beweglicher als alle Bewegung; in ihrer Reinheit durchdringt und erfüllt sie alles. Sie ist ein Hauch der Kraft Gottes und reiner Ausfluss der Herrlichkeit des Allherrschers; darum fällt kein Schatten auf sie. Sie ist der Widerschein des ewigen Lichts, der ungetrübte Spiegel von Gottes Kraft, das Bild seiner Vollkommenheit. Sie ist nur eine und vermag doch alles; ohne sich zu ändern, erneuert sie alles (Weish 7,22–27).

Das ist eine exakte Beschreibung dessen, was theologisch die Logik der Welt ist und was die Welt lesbar macht: es ist die Weisheit in der Welt, die sich in ihr als natürliche Theologie zeigt.

---

[6] Vgl. HWPh, Bd. 5, Sp. 495 f.

Philon von Alexandrien

Philon von Alexandrien ist gelegentlich als Autor für das *Buch der Weisheit* genannt worden.[7] Auch wenn er es vermutlich nicht war, so gibt es doch gute Gründe, dass er es hätte sein können. Denn sein Konzept des Logos trifft ziemlich exakt auf die Sophia des Buchs der Weisheit zu. Der einschlägige Artikel des *Historischen Wörterbuchs der Philosophie* fasst Philons Konzept des Logos zusammen:

> Zuerst gehört der Logos zum Göttlichen, ohne einfach mit Gott identifiziert werden zu dürfen. Der Logos ist gleichsam ein zweiter Gott oder der erste Sohn Gottes. Im System der göttlichen Kräfte, welche die Wirkung Gottes in der Welt schlechthin ausdrücken, nimmt der Logos die erste Stelle ein, d. h. der Logos ist Gott, insofern er sich mit der Schöpfung befaßt und sich in ihr offenbart. So ist der Logos eine Art Mittelglied zwischen Gott und Welt. Auch zum Menschen steht er in enger Beziehung: Er ist göttliche Offenbarung, ein durch Gott kundgegebenes Wort, das der Weisheit entspringt und den Menschen zur Weisheit führt, das ihn zur Wahrheit zwingt und Schwachen Genesung bringt. Dieser Logos richtet sich an das Innere des Menschen: Er ist eine innerliche Offenbarung. Zugleich ist er ein göttlicher Befehl, ein Gesetz für den Menschen.[8]

---

[7] Zu Philon s. Maren R. Niehoff: *Philo of Alexandria. An Intellectual Biography.* Yale Univ. Press. 2018. Zu Philons angeblicher Verfasserschaft des Buchs der Weisheit s. W. Schmidt-Biggemann: *Philosophia Perennis.* Frankfurt: Suhrkamp 1998, S. 213, Anm. 13, dort die entsprechenden Quellenangaben.

[8] G. Verbeke: ‚Logos 6' in HWPh, Bd. 5, Sp. 496 f., dort die Stellenbelege.

Der Logos als der zweite Gott im Himmel? Der Logos, durch den Gott die Welt schuf und sie belebte? Ist das der Logos der Welt, der Logos, der von der spekulativen Christologie ununterscheidbar ist? Logos, Weltenvernunft, mikrokosmische Repräsentanz des Makrokosmos und innere Offenbarung fallen hier zusammen. Ist hier die Christologie des Johannesevangeliums geradezu unvermeidlich?

Jesus Christus als fleischgewordener Logos: Johannesprolog

Die Frage nach Logos und Welt endet bekanntlich nicht bei Philon. Die bekannteste Verschränkung von Logos und Welt ist der Prolog des Johannesevangeliums. Dieser Text wird von den Bibelphilologen um 120 nach Chr. datiert. Abfassungsort ist wohl Ephesus, und dort gibt es eine Johannes-Gemeinde, die den spekulativen Gestus des Verfassers goutiert.[9] Der Verfasser des Johannesevangeliums kennt die Septuaginta, vielleicht auch Philons exegetische Logos-Spekulationen. Der Johannes-Prolog beginnt: „Ἐν ἀρχῇ ἦν ὁ λόγος“: „Im Anfang war das Wort.“ Das Ἐν ἀρχῇ nimmt das erste Wort בראשית (Bereschith) der hebräischen Bibel in der griechischen Fassung auf: „Im Anfang“, schuf Gott Himmel und Erde. Ἐν ἀρχῇ ἐποίησεν ὁ θεὸς τὸν οὐρανὸν καὶ τὴν γῆν. „Im Anfang Ἐν ἀρχῇ war das Wort“.

Ich zitiere und kommentiere den Johannes-Prolog: „Im Anfang war das Wort und das Wort war bei Gott und Gott war das Wort.“ Zwischen Gott und Logos wird zwar begrifflich unterschieden, aber sie gelten als dasselbe. Für die christlichen Leser des Johannesevangeliums ist deutlich: Das ‚Wort‘ ist der

[9] Vgl. Udo Schnelle: *Einleitung in das Neue Testament*. 8. Aufl. Göttingen: Vandenhoeck und Ruprecht 2013, S. 555–558.

von Ewigkeit ‚Sohn' Gottes. Das ‚Wort' entspricht der ‚Weisheit' in den *Sprüchen* und der *Weisheit Salomonis.* Freilich ist zu beachten, dass im Verhältnis zur ‚Sophia' im *Buch der Weisheit* das Geschlecht verändert wird: aus der weiblichen Sophia wird der männliche Logos – das grammatische Genus ist hier wichtig.

Das ist die erste Funktion des Logos: Er ist Gottes Logos – sein Spiegel (vgl. Weish 7,26), sein Sohn, seine Selbstverdoppelung. Zweitens ist er der Schöpfungslogos. „Durch ihn [den Logos] ist alles geschaffen, und ohne das Wort wurde nichts, was geworden ist." Das entspricht Gen 1,3: „Gott sprach und es ward"; es handelt sich um das wirkende, schaffende Wort. Dieses ‚Wort' ist, wie schon im Buch der Weisheit, einmal die Fülle dessen, was als göttliche Schöpfung geplant ist, die Fülle der Möglichkeiten, die in Gottes Weisheit konzipierte ‚Primordialwelt', die der realen Schöpfung vorangeht. Und es ist zweitens das Wort, das diese geistig präkonzipierte Welt in die extramentale, reale Welt ‚ruft' – es ist das Wort, das die extramentale Welt schafft. Das ist ein Akt der Materialisierung – und wenn man Materialisierung als ‚Vermutterung' wörtlich nimmt, ist schon dieser Schöpfungsakt der Prozess einer Verfleischlichung des Wortes.

Die dritte Funktion des Logos drückt Joh 1,14 aus: „Und das Wort ist Fleisch geworden (καὶ ὁ λόγος σὰρξ ἐγένετο) und hat unter uns gewohnt, und wir haben seine Herrlichkeit gesehen, die Herrlichkeit des einzigen Sohnes vom Vater, voll Gnade und Wahrheit". Der göttliche Logos, Wort bei Gott und Gott als Wort – später wird daraus das Trinitätsdogma – ist der Schöpfungslogos der Welt und er ist zugleich personalisiert. Es ist keine Allegorie, sondern reales, fleischgewordenes Wort, die historische Person Jesus von Nazareth, Gottes Sohn, Christus.

Die Christologie des Paulus

In diesem Prozess wird die Weisheit zum Sohn Gottes. Diese spekulative Wort-Theologie bleibt der Kern des Christentums, und wenn nun von der Geschichte Jesu in den Evangelien berichtet wird, gilt diese Geschichte deshalb als göttliche Offenbarung, weil es sich eben um die Geschichte des fleischgewordenen göttlichen Wortes, des λόγος ἐνσαρκός, handelt. Darin ist das christliche Offenbarungskonzept vom jüdischen und muslimischen unterschieden: Die Geschichte Jesu Christi ist selbst die Offenbarung. Paulus hat seine Theologie auf diese Lehre konzentriert, indem er ständig und nur auf die Theologia Crucis und die Auferstehung dieses Christus rekurriert – die Lehre Jesu von Nazareth, wie sie in den Spruchquellen überliefert war, ist ihm nicht wichtig, er kennt sie wahrscheinlich kaum, wenn überhaupt, er zitiert sie jedenfalls nicht. Das paulinische Christentum braucht die Lehren Christi nicht, denn in seinen Lehren stimmt Jesus im Duktus und in den Formen mit der Tradition und den ethischen Anweisungen der jüdischen Weisheitslehren weitgehend überein, sei es affirmativ, sei es ablehnend,[10] und Paulus geht es darum, Jesus, den Christus, als Retter und Erlöser zu fassen, auch vom ‚jüdischen' Gesetzesjoch.

In dieser Christozentrik wurde dann die paulinische Tradition die wirksamste Lehre bei der Ausbreitung des abendländischen Christentums – es war die Lehre von der Erlösung durch den Kreuzestod Jesu, seiner Auferstehung und seiner baldigen Wiederkunft. Die paulinischen Briefe sind die ursprüng-

---

[10] Die Philologen haben das lange herausgefunden, als sie die jesuanischen Lehren und Gleichnisse mit denen der zeitgenössischen jüdischen Rabbinen und Wanderlehrer verglichen. Hermann L. Strack u. Paul Billerbeck: *Kommentar zum Neuen Testament aus Talmud und Mischna*. 4 Bde. München: Beck 1922–1926.

lichsten und ältesten Texte des Christentums; Mitteilungen an Gemeinden über den messianischen Sinn des Lebens, des Todes, der Auferstehung Jesu, der Erwartung seiner baldigen Wiederkehr.

Die Alternative: Torah oder Jesus Christus

Damit war, neben den Ritualstreitigkeiten um die Beschneidung, der Hauptgegensatz des Christentums zum Judentum bestimmt: Jesus war als der Messias und Christus der Retter und Erlöser. Das Gesetz, bisher die verbindliche Mitteilung Gottes an sein auserwähltes Volk, war durch den fleischgewordenen Logos, den Sohn Gottes, aufgehoben. Der exklusive Auserwählungsanspruch des jüdischen Volkes wurde durch die Heidenmission des Paulus beendet; die Juden wurden, weil sie Jesus als den Christus und den Sohn Gottes nicht erkannt hatten, vom auserwählten zum verlorenen Volk – und es schien, als ob die Weltgeschichte das auch bestätigte: Im Jahre 70 eroberte Titus Jerusalem, zerstörte die Heilige Stadt vollkommen und gründete auf dem Boden des alten Jerusalem das römische Aelia Capitolina. Den Juden wurde die Rückkehr nach Jerusalem verboten, sie durften sich in ganz Palästina nicht aufhalten.

Die Spannungen zwischen den Juden und den Christen waren schon vor der Eroberung Jerusalems heftig, gleichgültig, ob es sich um Judenchristen oder Heidenchristen handelte. Das galt für das gesamte römische Reich. Entscheidend waren die Konkurrenzansprüche um die Repräsentanz Gottes in der Welt: Sollte man sie in Jesus ‚Christus', Gottes fleischgewordenem Logos gegenwärtig glauben, der gestorben und angeblich auferstanden war, der wiederkommen würde um die Welt zu richten, oder war die Repräsentanz Gottes in der Torah und den anderen heiligen Schriften zu finden?

Sprache und Sprachen als theo-philologisches Kriterium

Hier begann nun ein neues Kapitel der Philologie: Die Sprachen wurden selbst zum theologischen Kriterium. Das Neue Testament musste sich auf das Alte Testament stützen, denn der Anspruch, Jesus sei der Messias, wurde, so die christliche Lehre, im Neuen Testament durch die Propheten des Alten Testaments bewiesen. Zugleich aber wurde dieser messianische Anspruch logostheologisch unterbaut, indem Jesus selbst als fleischgewordenes Wort Gottes gedeutet wurde – schließlich war sein Leben das Indiz seines Erlösungshandelns. Die Lehre Christi, die in den ‚Logien' überliefert wurde, erlöste nicht, sein Tod am Kreuz und seine Auferstehung wurden als Erlösung interpretiert. Dieser Interpretationsprozess der Christologie vollzog sich in griechischer Sprache: Paulus und die Evangelisten schrieben Griechisch, sie zitierten das ‚Alte Testament' sämtlich nach dem griechischen Text der Septuaginta. In dem hochpolemischen Trennungsprozess von Christentum und Judentum reklamierten die Rabbinen – diese jüdische Lehr- und Führungselite entstand jetzt – das Hebräische exklusiv als ihre Sprache und sie banden das Judentum ans Hebräische. Angeblich in Tiberias, gleich nach der Zerstörung Jerusalems im Jahr 70 n. Chr. – wurde die kanonische Zusammenstellung der Hebräischen Bibel, des Tanakh, fertiggestellt und die allerstriktesten Anweisungen für die Integrität des Textes vorgeschrieben: er musste vollständig in 24 Büchern, buchstabengetreu – noch ohne Zwischenraum zwischen den Wörtern – und ohne Rasuren im Text geschrieben sein. Material waren Pergamentrollen, keine Kodizes. Zugleich wurde peinlich darauf geachtet, alle griechischen oder lateinischen Assoziationen und Anspielungen zu vermeiden. So entstand die jüdische hebräische Philologie – und sie blieb in dieser Fassung, als Textphilologie sowie als Interpretationsphilologie, bis zum Ende des 18. Jahrhunderts wirksam, so lange, wie der Talmud sich als Weisheitsdiskussion begriff, die am Tanakh und an der ausschließlich jüdischen Tradition orientiert war.

Aber die orthodoxen Text-Philologen konnten nicht verhindern, dass die erbauliche Exegese, die eine Theologie des Wortes entwickelte, die strenge Philologie wieder in spekulative Dimensionen erhob. Je gründlicher die Diskussion um die philologische Fassung der Bibel geführt wurde, desto unausweichlicher wurde die Frage nach dem Text – denn jetzt, wo das Hebräische buchstabengetreu abgeschrieben werden musste, waren jedes Wort und jeder Buchstabe heilig, Abweichungen entheiligten den Text. Das hatte zur Folge, dass theologisch (schon das griechische Wort: ‚Theo-Logie' ist den Rabbinen zuwider) die Frage danach unausweichlich war, welches denn die Ursprache war, in der das Schöpfungswort Gottes gesprochen worden war. Ebenso unausweichlich war die Frage danach, wie denn das Verhältnis dieses gesprochenen Wortes Gottes zu den Buchstaben war, die nicht verändert werden durften und die deshalb als Teil und als Träger der Heiligkeit der Schrift begriffen wurden – es durfte ja kein Jod verändert werden. Es stellte sich darüber hinaus die Frage, wie denn die Schrift als ganze begriffen werden sollte, sie war schließlich der Glanz (כבוד *Kavod*), in dem sich Gott zeigte. Wie verhielt sich der Glanz der Herrlichkeit Gottes zu seiner חכמה *Hokhmah* (denn *Sophia* fiel jetzt als griechischer Terminus aus)? War die *Hokhmah*, die göttliche Weisheit, zugleich Gottes Glanz und Gloria? Schließlich genoss die Thorarolle als Kultgegenstand selbst die Verehrung, die ihrem Inhalt als Ausdruck der göttlichen Weisheit und ihres Glanzes zukam.

Die Torah als Sophia/Hokhmah

Alle Allegorisierungen und Personalisierungen von חכמה *Hokhmah* und כבוד *Kavod* waren obsolet – sie waren zu nahe an der Christologie und, wenn es um die Weiblichkeit ging, zu nahe an der Mariologie.[11] Und alle Nähe zum Christentum sollte *à tout prix* vermieden werden. Blieb also nur die Möglichkeit, die Torah selbst als Ausdruck der göttlichen Weisheit zu deuten; und zwar philologisch in zweierlei Hinsicht: einmal interpretatorisch insgesamt als göttliche Weisheit – soweit sie Gott seinem Volke mitteilen wollte, zum andern in der Form der Schrift, in der Schriftlichkeit selbst. Die Fülle der göttlichen Weisheit in der Torah zeigte sich dann in den unendlichen Interpretationsmöglichkeiten der rabbinischen Exegese. Der erste Paragraph *(Parascha)* eines der frühesten Midraschim der rabbinischen Literatur, *Bereschit Rabba* (5. Jh.), zeigt das mit der nötigen Deutlichkeit:

> Die Torah spricht: ich war das Werkzeug Gottes. Gewöhnlich wenn ein König von Fleisch und Blut einen Palast baut, so baut er ihn nicht nach eigener Einsicht, sondern nach Einsicht eines Baumeisters,[12] und auch dieser baut nicht nach seinem Gutdünken, sondern er hat Pergamente und Tafeln, worauf die Eintheilung der Zimmer und Gemächer verzeichnet ist. Ebenso sah Gott in die Torah und erschuf die Welt, und die Torah spricht: Mit ראשית (*Reschit*,

---

[11] Zur Problematik vgl. Peter Schäfer: *Mirror of His Beauty. Feminine Images of God From the Bible to the Early Kabbalah*. Princeton, Princeton Univ. Press 2002.

[12] Das Architektenbeispiel bei Philon: *De Opificio Mundi* 3, 16. Er ist meines Wissens der erste, der es für die Schöpfung benutzt.

> Anfang), worunter nichts anderes als die Torah zu verstehen ist, erschuf Gott die Welt.[13]

Was passiert hier: Der Text der Torah wird jetzt von einem irdischen geschriebenen Text in einen himmlischen Primordialtext spiritualisiert, resp. in den Himmel vor der Schöpfung erhoben – „Im Anfang war das Wort" heißt jetzt: Im Anfang war die Torah.

---

[13] *Midrasch Bereschit Rabba, das ist die haggadische Auslegung der Genesis.* Zum ersten Male ins Deutsche übertragen von Lic. Dr. August Wünsche. Leipzig: Schulze 1881. S. 1. Verwiesen wird am Ende der Passage auf Spr 8,22: „Der Herr hat mich erschaffen im Anfang seiner Wege." – Vgl. zur Primordialweisheit der Thora auch Par. 8 zu Gen 1,26: „Nach R. Simeon ben Lakisch war die Thora schon 2000 Jahre vor der Weltenschöpfung vorhanden s. Prov. 8,30; denn ein Tag Gottes befasst 1000 Jahre nach Ps. 90,4. Die Thora allein weiß, was vor der Weltschöpfung war, du aber hast nicht danach zu forschen. S. Hi. 20,4". S. 31. – Zum Hintergrund dieser Theorie der Primordialweisheit und Schöpfung s. die Philon-Kapitel in Schmidt-Biggemann, *Philosophia perennis* [wie Anm. 1,7], S. 213–223.

2. Gottes wundertätige Schrift und die Geheimnisse der Kabbala

i. Kabbalistische Haupttopoi

Man sollte sich bei dem Thema Kabbala und Schrift von den Selbstverständlichkeiten der Schrifttheorie verabschieden. Es geht um Wissensformen, die uns seit dem 18. Jahrhundert weitgehend abhandengekommen sind. Sie waren zwischen dem 15. und dem 18. Jahrhundert ein Teil der öffentlichen Diskussion im intellektuellen Europa; im 20. Jahrhundert sind sie vor allem durch Gershom Scholem für die jüdischen Traditionen wiederentdeckt worden.

Weil Kabbala häufig mit den Etiketten Geheimwissenschaft und Magie verbunden wird, sind einige Klarstellungen zweckmäßig.

Was ist Kabbala? – Die Buchstaben der Schöpfung – Die Schrift als Zeichen der möglichen Welt – Schrift und Wort – Exegetische Techniken und Buchstabenkombinatorik – Die dogmatischen Topoi der Kabbalisten – Erster Grund – Göttliche Namen – JHWH.

Was ist Kabbala?

Der Name kommt von hebräisch קבל *(kibel)*, empfangen, überliefern. Kabbala heißt in diesem Sinn nicht mehr als ‚Tradition'. Der Name Kabbala zielt auf eine Überlieferung der Bibelauslegung, die im Wesentlichen zwei Bereiche betrifft: Deutung der

Natur Gottes gemäß seinen offenbarten Kräften, das heißt denen seiner Namen und seiner Prädikate. Dazu gehört wesentlich Gottes Schöpfermacht. Deshalb ist auch die Interpretation der biblisch überlieferten Schöpfungsgeschichte konstitutiver Teil der Kabbala. In jedem Fall steht die Selbstoffenbarung Gottes im Mittelpunkt; diese Offenbarung wird vor allem in der Bibel gesucht. Aus diesem Grund ist Kabbala auch eine besondere Form der Bibelauslegung. Allerdings interpretieren die Kabbalisten die Bibel nicht nach gängigen hermeneutisch-kritischen Methoden. Sie versuchen, hinter den buchstäblichen Sinn der Bibel zurückzufragen. Ihr Wissensziel ist eine besondere Einsicht, ein Wissen für Kenner und Fromme. Man muss sich also, wenn man sich überhaupt mit Kabbala beschäftigen will, mit viel intellektueller Phantasie auf die biblischen Texte, vor allem auf die Schöpfungsgeschichte, einlassen.

Die Lehren der Kabbala und die Methoden ihrer Wissensgenerierung sind in der Spätantike, im Mittelalter und in der Frühen Neuzeit entwickelt worden. Auch wenn der Name ‚Kabbala' hebräisch ist und ein Großteil der einschlägigen Literatur in Hebräisch verfasst ist, ist die Kabbala keine rein innerjüdische Wissensform. Sie schließt vielmehr an antike, vom Platonismus geprägte Vorbilder an, sie hat Parallelen in der Exegese der christlichen Kirchenväter. In der Frühen Neuzeit hat sich darüber hinaus eine christliche Kabbala entwickelt, die spätantike Bibelauslegung, neu-pythagoreische Zahlenlehre und platonisierende Spekulation miteinander verband.

Die Buchstaben der Schöpfung.

Was bedeutet unter diesen Bedingungen Schrift? Natürlich zunächst ‚Heilige Schrift', Bibel. Diese Schrift ist in Buchstabenform überliefert; die Torah – das christliche ‚Alte Testament' – ist in Hebräisch verfasst und in hebräischen Buchstaben aufgeschrieben. Es geht bei der Frage nach Kabbala und Schrift deshalb zunächst ums Hebräische, erst im weiteren Sinn ums Griechische und Lateinische, die beiden anderen ‚heiligen Sprachen'. Jede dieser Sprachen hat ihre eigenen Buchstaben. Es ist ein wesentliches Element alter Sprachtheorie, dass eine Schrift im Prinzip nur für eine Sprache zuständig war.

Mit der Feststellung, dass jede Sprache ihre eigene Schrift hat, ist aber noch nicht viel gewonnen. Denn die Frage, was Schrift bedeutet, ist damit keineswegs geklärt. Zunächst stellt sich die Frage danach, wie und warum eine Schrift für eine Sprache passt. Prinzipiell ist nämlich die Frage unentschieden, ob eine Sprache gesprochen werden muss oder ob sie auch existiert, wenn sie nur geschrieben ist. Das heißt, abstrakt ausgedrückt: Wie gehören Stimme und Laut, Buchstaben und Schrift in der Sprache zusammen?

Die Kabbala argumentiert nicht mit Bilderschriften, nicht mit Abbildungen von Dingen in Zeichen, ihre Schrift ist strikt an Buchstaben gebunden. Allerdings können die Buchstaben selbst als Bilder, d. h. als Erscheinungsformen der göttlichen Kraft interpretiert werden.

Buchstaben repräsentieren die Potentialität der Sprache. Eine geringe Anzahl von Buchstaben lässt sich zu beliebig vielen Möglichkeiten kombinieren; diese Möglichkeiten übersteigen die Anzahl der phonetisch möglichen und auch die sinnvollen Kombinationen der Sprache erheblich. Die Kombinationsmöglichkeiten zeigen aber die semantische Potentialität, die durch pure Kombinatorik erzeugt werden kann.

Man stellt sich vor, dass Gott aus den nahezu unendlich vielen Buchstabenkombinationen diejenigen ausgewählt hat, die die Semantik der Schöpfung konturieren: das sind dann die

Schöpfungsworte. Durch diese göttliche Auswahl der Schöpfungsworte, die die Dinge dann ins Sein riefen, bekommen die Buchstabenkombinationen einen auch für Menschen fassbaren Sinn: Diese Worte sind die Namen und zugleich das Wesen der Dinge.

Die Worte, die Gott aus der Fülle der Möglichkeiten der Buchstabenkombinationen ausgewählt hat, hat er in der Torah den Menschen mitgeteilt. Diese immer schon als geschriebene verfassten Worte sind nicht flüchtig wie menschliche Worte, sondern sie stehen seit Ewigkeit als geschriebene fest. Als Gott die Welt schuf, schuf er sie durch das Aussprechen der geschriebenen Wörter, die er aus der Fülle der Kombinationsmöglichkeiten des Alphabets auslas. Diese Buchstabenkombinationen bildeten das Konzept Gottes von der Schöpfung vor der Schöpfung; sie waren seine Weisheit, wie sie auch in der geschriebenen Torah offenbart wurde.

Was aber heißt ‚vor' der Schöpfung, vor dem ausgesprochenen Wort?

Die Schrift ist das Zeichen der Welt; für den Kabbalisten freilich nicht das im Nachhinein die Dinge Bezeichnende, sondern das Vor-Zeichen. In der Schrift muss, auch formal, die Fülle und die Ordnung der Welt vorweg repräsentiert sein. Da die Buchstaben der Schrift zugleich Zahlzeichen sind, offenbaren sich in ihnen die Zahlenordnung und die zeitlosen Wahrheiten der Arithmetik. Die Buchstaben haben Formen; diese elementaren Formen, aus denen die einzelnen Buchstaben komponiert sind – Linien, Kreise, Kreissegmente, Winkel – bilden die zeitlosen Elemente der Geometrie. So zeigt sich in den Buchstaben nicht nur der vorgängige Sinn der später von Gott ausgesprochenen Sprache, sondern auch die Ordnung der Mathematik. Gott, hat, ehe er sie schuf, die Welt zeichenhaft konzipiert; eben in Buchstaben und deren Kombinationen zu

Wörtern. Diese im göttlichen Ursprung bereits geschriebenen Wörter, die die Kraft hatten, die Dinge ins Sein zu rufen, diese Schrift, nahm man an, sei dieselbe, die Gott dem Adam *(Sefer Raziel, Sefer Ha Rasim)*[1], dem Abraham *(Sefer Jezira)* und schließlich dem Moses als Torah mitgeteilt habe.

Die Schrift als Zeichen der möglichen Welt.

Wie kommt Schrift zur Sprache? Durch Stimme und Laut. Keine Frage, es gibt auch eine Sprache ohne Schrift. Aber eine solche Sprache ist flüchtig; sie vergeht mit denen, die sie sprechen. Buchstaben und Schrift garantieren den Sinn der Sprache über das Ende einer Sprachgemeinschaft hinaus. Deshalb ist die Frage nach der Bibel als der buchstäblichen Offenbarung Gottes zentral für die Kabbalisten: die Buchstaben garantieren die Ewigkeit der Offenbarung.

Diese Aussagen gelten für alle Schriftlichkeiten; und sie gelten *a fortiori* für den offenbarten Bibeltext. Für die Deutung der Buchstäblichkeit der Schrift ist der Text der biblischen Schöpfungserzählung wichtig. Da heißt es zu Beginn: „Im Anfang schuf Gott Himmel und Erde". Und später: „Und Gott sprach: Es werde Licht, und es ward Licht". Diese Kernaussagen haben drei Schlüsselworte: erstens ‚Im Anfang', zum andern ‚Gott sprach' und drittens ‚es werde … und es ward'. Für den Zusammenhang der Schrift sind der zweite und dritte Punkt zunächst bedeutend. Gott spricht die als Schrift vorgeformten Worte aus; und dieser performative Akt ‚Gott

---

[1] Vgl. *Sefer ha Rasim. Das Buch der Geheimnisse.* Bd. 1 in Zusammenarbeit mit Evelyn Burkhardt, Gottfried Reeg u. Henrik Wels hg. von Bill Rebiger und Peter Schäfer. Tübingen 2009. Bd. 2 in Zusammenarbeit mit Evelyn Burkhardt u. Dorothea Salzer hg. von Bill Rebiger und Peter Schäfer. Tübingen 2009. Die entsprechende Passage §§ 361–374.

sprach‘ verweist auf die Macht des göttlichen Worts. Das ‚es werde … und es ward‘ hat wiederum zwei Komponenten: erstens ‚es werde‘. Sprache ist hier als Befehl gefasst: ‚es soll in die Existenz kommen‘. Anschließend wird zweitens berichtet: ‚es ward‘. Die Sprache, die der biblische Text meint, ist das wirkende Wort: Dadurch, dass Gott spricht, wird etwas. Gottes Wort beschreibt nicht irgendwelche Gegenstände, sondern es ist schöpferisch, es schafft die Dinge, indem es sie ausspricht.

Wie vollzieht sich dieser Sprechakt Gottes, die Macht von Gottes Wort, eigentlich genau? Hört man Gott, wenn er die Welt schafft? Was heißt hier ‚man’? Es gibt doch vor der Schöpfung nichts und niemanden, der ihn hören könnte. Darüber hinaus setzt jeder Laut Räumlichkeit voraus; aber es gibt, da Gott reiner Geist ist, keinen Raum vor der Schöpfung. Wird der Raum der Schöpfung deshalb zunächst durch die Formung der Buchstaben und dann erst durch den Schall der göttlichen Stimme erzeugt?

Was wird eigentlich durch das ‚sprach und es ward‘ geschaffen? Offensichtlich die vielfältigen Dinge der Welt. Diese Dinge müssen in ihrer Bestimmung, wenn es sich denn um Schöpfung durch das Wort handeln soll, vorher konzipiert werden. Dieses ‚vorher‘ muss nicht zeitlich sein, es reicht die modale Bestimmung des ‚vorher‘. Es handelt sich um die Beschreibung der möglichen Welt, denn Zeitlichkeit ist erst mit der Schöpfung der materiellen Welt denkbar. Was aber ist ‚vor‘ dem ausgesprochenen Wort? Formal und philosophisch stellt sich hier die Frage, welches der Status dieser noch nicht verwirklichten, eben nur möglichen Welt ist und wie eine solche mögliche Welt gedacht werden kann. Die Welt im Status ihrer Möglichkeit muss zeichenhaft gedacht werden; als mögliche Welt ist sie nur durch etwas repräsentierbar, was sie nicht oder noch nicht ist, also durch Zeichen, die auf sie verweisen, sozusagen durch

‚Vor-Zeichen'. Wenn Gott, ehe er spricht, die Welt zeichenhaft konzipiert, durch welche Zeichen soll die Welt repräsentiert werden? Für die jüdische Kabbala war aus diesen Erwägungen heraus klar, dass die zeichenhafte Repräsentation der Welt vor der Schöpfung nur durch die Schrift geschehen konnte, die Adam, Abraham und schließlich Moses mitgeteilt wurde.

Worin besteht die zeichenhafte, die symbolische Vor-Bedeutung der Schrift? Die Schrift als Zeichensystem kann auf das verweisen, was nicht oder noch nicht da ist, sie kann mögliche Welten durch die Kombination ihrer Buchstaben präkonstruieren. In diesem Sinne muss der Beginn der Bibel „Im Anfang schuf Gott Himmel und Erde" interpretiert werden. ‚Im Anfang' bedeutet dann also: Gott konzipierte die Welt, indem er sich mit der Schrift befasste.

Schrift und Wort.

Die spezifische Bestimmung von Schrift und Sprache durch die Kabbalisten bestätigt diese philosophisch-spekulativen Erwägungen. Nicht das gesprochene, sondern das in Buchstaben geschriebene Wort gilt als Selbstverständigung Gottes vor der Schöpfung. Der Schöpfergott konzipiert die Welt unter Benutzung der Buchstaben, aus denen die Worte zusammengesetzt sind. Die Schrift als solche ist damit der Ausdruck seines Worts; sie ist geschrieben, ehe sie ausgesprochen wird. Die Schrift dient der symbolischen Vorformung der Welt und die Macht des göttlichen Wortes zeigt sich auch in der Form der Buchstaben, die das ungeformte Chaos formen und die Dinge der Welt dadurch zur Existenz bringen.

Das Verhältnis von Wort und Schrift ist mithin dadurch bestimmt, dass jedes Wort als distinkte Äußerung Gottes begriffen wird – eine solche Äußerung muss nicht lautlich sein.

In der Kabbala besteht die Schrift, wie dargestellt, vor der Lautung der Worte. Diese Bestimmung der Schrift ist die strikte Umkehrung der aristotelischen Bestimmung von Sprache als Zeichen von Gedanken in *Peri Hermeneias* (16a, 5–7). Dort sind die Gedanken die Zeichen der extramentalen Dinge, die man wahrnimmt, und die Wahrnehmungen werden durch Worte bezeichnet. Diese Worte werden in einem weiteren Schritt durch Schriftzeichen repräsentiert. In der kabbalistischen Schrifttheorie rangiert die Schrift hingegen vor den Worten und vor den äußeren Dingen.

Beim Hebräischen handelt es sich um eine Buchstabenschrift, nicht um eine Bilderschrift. Der Status der Buchstabenschrift wird logisch-modal gefasst: Die Buchstabenschrift, das Alphabet, ist, ehe es zur Bezeichnung von Worten verwendet wird, ein semantisches Zeichenpotential vor jeder Sinndistinktion. Dieses Zeichenpotential wird in der Buchstabenform symbolisch gedeutet: So steht י (Jod) für ‚Anfang' oder ב(Bet) für *Beit*, ‚Haus, Rezeptivität' oder ה (He) für ‚Hauch' und ‚Seele' oder ו (Waw, ‚und') für ‚Trennung' und ‚Verbindung' und auch für den Typus des Paradiesbaums. Die Buchstaben enthalten das Potential allen Sinns, das noch nicht gefasste Wort. Die Buchstaben-Schriftzeichen sind damit sozusagen semantische Potenzen vor der Verwirklichung einer dann entschiedenen Semantik im sinnvollen Wort. Das geschieht, indem Gott die Buchstaben als potentielle Sinneinheiten zu endgültigen Schöpfungsworten kombiniert. Diese Schöpfungs-Wesens-Worte umfassen schon in ihrer geistigen Vor-Fassung das Wesen der Dinge. Dieses Wesen schließt selbstverständlich auch die Bild-Idee jeder Gattung ein, die sich im Prozess des Lebens räumlich ausfaltet.

Exegetische Techniken und Buchstabenkombinatorik.

Worte sind Definitionen von Sinneinheiten, die entstehen, indem Buchstaben als potentielle Sinnträger miteinander kombiniert werden. Die rein formale Kombination der Buchstaben führt auch zu zahllosen Worten, denen kein bekannter Sinn entspricht. Aber Gott wählt, wie dargestellt, für die Schöpfung diejenigen Kombinationen aus, die die primordialen Schöpfungsworte ausmachen. Diese geistigen Schöpfungsworte werden in der sinnlichen Welt realisiert; sie werden damit zugleich materialisiert. Ein analoger Prozess ist die Offenbarung der Schrift: Gott äußert sich in seiner Schriftoffenbarung komplementär zu seiner Schöpfung: die Schriftoffenbarung macht die Buchstaben sichtbar, die der Schöpfung zugrunde liegen, sie enthält damit Hinweise auf die Konzeption und den Sinn dieser Schöpfung. Genau deshalb ist der biblische Text selbst als heilbringender Text von einer besonderen Kraft. Er repräsentiert nämlich die Dinge in ihrem geistigen Wesen, ihrer Essenz; und wer die volle Bedeutung der Schriftlichkeit fassen kann, der hat Zugang zum Wesen der Dinge. Er kennt das Schöpfungswort, er hat dadurch Macht über die Dinge; sie gehorchen ihm, weil er ihr Schöpfungswort kennt.

Die in Buchstaben gefassten Schöpfungsworte repräsentieren die mögliche Welt, sofern diese noch nicht verwirklicht ist, aber doch zeichenhaft auf ihre Verwirklichung wartet. Dieser Sinn der Weltkonzeption wurde biblisch als ‚Weisheit' verstanden. Diese Weisheit, meinen die Kabbalisten gemeinsam mit anderen jüdischen und christlichen Exegeten, habe Gott dem Adam im Paradies (Gen 2,26) mitgeteilt, als er die Tiere benannte: „Und wie er sie nannte, so sollten sie heißen." Diese Weisheit, die *Lingua Adamica*, sei mit dem Sündenfall zwar weitgehend verloren gegangen; aber dadurch, dass die Buchstaben die Elemente auch des göttlichen Denkens sind, könne der spekulative Kabbalist versuchen, die Weisheit Adams mindestens formal zu rekonstruieren.

Die Weisheit Gottes ist wesentliches – d. h. dem Wesen der Dinge adäquates – Wissen. Wir wissen nur, dass sie das ist, aber nicht, worin sie im Einzelnen besteht; für die Menschen ist das vollständige Wesenswissen nach dem Sündenfall der Ureltern unerreichbar. Gleichwohl bietet die geschriebene Offenbarung eine Hilfe, die den Kabbalisten der Entschlüsselung dieses Wesenswissens näherbringt, denn der in Buchstaben offenbarte biblische Text verweist auf die wesensbestimmenden göttlichen Schöpfungsworte. Die Suche nach der göttlichen Schöpfungssprache, die Gott dem Adam vor seinem Fall mitgeteilt hatte und die mit Hilfe kabbalistischer Auslegungstechniken unternommen wird, setzt mithin voraus, dass der überlieferte biblische Text bis in die Buchstabenschreibung sakrosankt ist. Jede historisch-kritische Infragestellung des biblischen Textes zerstört die Grundlagen der kabbalistischen Exegese.

Der überlieferte biblische Text bietet die göttlichen Entscheidungen unter vielen buchstäblichen Kombinationsmöglichkeiten. Der Kabbalist kann nun versuchen, hinter dieser Fassung auch weitere Buchstabenkombinationen und -deutungen zu suchen, die einen Hinweis auf weitere Sinnmöglichkeiten liefern. Er kann, hofft er, damit den göttlichen Entscheidungsprozess zum vorliegenden biblischen Text ansatzweise verstehen und verborgene Dimensionen des Textes herausfinden. Aus diesem Grunde ist die Permutation von Buchstaben eines Wortes *(Temura)*, die Lesbarkeit von Buchstabenkombinationen als Abkürzung von Wörtern und Sätzen (Akronym, *Notaricon*) und die Interpretation von Buchstaben als Zahlzeichen *(Gematria)* der Versuch, die Mehrdimensionalität der Sprache Gottes vor der Schöpfung experimentell nachzukonstruieren.

Die kabbalistischen Philologen, zumal die christlichen, bemühten sich um die Rekonstruktion der Lingua Adamica. Adam, glaubten sie, habe vor dem Sündenfall einen ungetrübten Einblick in das Wesen der Schöpfung und damit Anteil an der göttlichen Weisheit gehabt. Das Hauptziel bestand darin, mittels kabbalistischer Auslegungstechniken diese paradiesische Sprache wiederzuerlangen, dadurch Anteil an der göttlichen Weisheit zu erlangen und so die Folgen der Erbsünde zu überwinden. Johannes Reuchlin hat die Schlüssellegende der christlichen spekulativen Philologen erzählt: Der Engel Raziel sei zu Adam, der über seinen Sündenfall trauerte, geschickt worden, um ihm zu verkünden, dass der wahre Name des Messias den Zugang zum paradiesischen Wissen erneut erschließen werde. Für Reuchlin war es evident, dass dieser Name das Tetragramm mit dem Schin in der Mitte (יהשוה IHSWH) sei.[2]

Die Suche nach der adamitischen Sprache blieb das Leitmotiv für alle spekulativen Philologen, vor allem für die professionellen christlichen Hebraisten unter den Anhängern der Kabbala. Als These von der göttlichen Herkunft der Sprache blieb diese Idee bis zur Mitte des 18. Jahrhunderts virulent, dann wurde sie von der großen Diskussion um den menschlichen Sprachursprung abgelöst. Aber auch diese Diskussion endete aporetisch: Die Société de Linguistique in Paris untersagte 1866 die Diskussion um den Sprachursprung und die Universalsprachen als wissenschaftlich unseriös.[3]

---

[2] Johannes Reuchlin: *De Verbo Mirifico.* Zuerst 1494. Zum Zusammenhang vgl. W. Schmidt-Biggemann: *Geschichte der christlichen Kabbala.* Bd. 1. Stuttgart-Bad Cannstatt 2012, S. 158–162. Siehe auch unten S. 83–86.

[3] Société de Linguistique de Paris, Statuts de 1866, Artikel 2: „La Société n'admet aucune communication concernant, soit l'origine du langue, soit la création d'une langue universelle.“ Freundliche Mitteilung von Michael Meier-Brügger.

Die dogmatischen Topoi der Kabbalisten.

Wie in allen Interpretationen ist die Intentionalität der Deutung, d. h. das Lesen auf einen spezifizierten Sinnzusammenhang hin, konstitutiv für das Ergebnis einer Lektüre. In der Kabbala konturiert eine spezifische Topik diese Intentionalität der Interpretation. Sie speist sich aus jüdischen und, sofern es sich um christliche Kabbalisten handelt, christlichen religiösen Lehrinhalten sowie aus philosophischen Grundannahmen.

Die Haupttopoi sind die Metaphysik des ersten Grundes, die Lehre von den Namen Gottes und die Sefirot (d.i. den göttlichen Emanationen, die aber für das Thema ‚Kabbala und Schrift' nicht entscheidend sind und deshalb hier nicht behandelt werden); in der christlichen Kabbala sind es zusätzlich die Trinität, die Christologie und schließlich die christlich gedeutete Heilsgeschichte.

Erster Grund.

Was erklärt der erste Grund? Grund von etwas bedeutet ‚Anfang und was danach kommt', die Folge. Der erste Grund ist der, der nicht mehr Folge eines vorherigen Grundes ist. Zwei prominente Bibelstellen handeln, wie im ersten Kapitel dargestellt, von diesem Anfang: Gen 1,1: „Im Anfang schuf Gott Himmel und Erde" und Joh 1,1: „Im Anfang war das Wort".

‚Anfang' heißt in beiden Fällen absoluter, weil eben anfänglicher Prozess des Werdens. Dieser Gedanke ist theologisch durchaus doppeldeutig, denn er kann sowohl auf Gott als auch auf die Schöpfung angewendet werden. Werden ist der Übergang von einem zu einem anderen Status, absolutes Werden ist anfängliches Werden, es hat als absolut anfängliches keinen bestimmbaren Status vor sich, aus dem es werden könnte, es ist somit Übergang vom Unbestimmten zum Bestimmten.

Diese Metaphysik des Werdens ist verbunden mit der Dialektik des Einen, wie sie Plotin zuerst entfaltet hatte. Plotin verhandelt das Thema in seinem Lehrvortrag mit dem Titel ‚Das Eine und das Gute' (*Enn.* VI, 9, 46–49). Das Argument ist, kurz zusammengefasst, das folgende: Wenn Einheit als Ununterschiedenheit gefasst wird, liegt das Eine vor jeder Unterscheidung. Es kann weder vom Nichts noch von Allem, weder vom Sein noch vom Möglichen unterschieden werden. Das Eine ist eine absolute Einheit ohne jede Unterscheidung, sei sie innen oder außen. Diese absolute Einheit ist jenseits von allem Denken, denn der Prozess des Denkens besteht in der Distinktion.

Diese Einheit kann deshalb nur gedacht werden, nachdem sie sich ver–ändert hat, das heißt, nachdem ihre Einheit zu einer Andersheit geworden ist. Diese Veränderung ist der im genauen Sinn ur-sprüngliche Prozess des Werdens, durch den das unfassbare Eine sich selbst zur Erscheinung und damit in ein Sein bringt, das gegen das Nichts definiert ist. Sein hat schließlich, anders als das absolute Eine, eine Entgegensetzung und damit eine Definition: Nichts. In der kabbalistischen Diskussion ist dieser Prozess vom absoluten Einen zum durch das Nichts definierten Sein als Verhältnis von *Aleph tenebrosum* und *Aleph lucidum* bestimmt. Alef, der erste Buchstabe des hebräischen Alphabets, bedeutet als Zahlzeichen Eins; mithin beschreibt dieser Schritt vom *Aleph tenebrosum* zum *Aleph lucidum* das absolute Werden vom ‚dunklen' unbestimmten zum ‚hellen' bestimmten Einen.

Wenn man von diesem plotinischen Begriff des ursprünglich unbestimmten Einen ausging, das sich nur in seinem Anderen zeigte und dadurch seine absolute Einheit zugleich verbarg, dann hatte man die unauflösliche Verbindung des Einen mit dem Anderen immer schon konzipiert.

In diesem Sinne konnte dann der Anfang des Johannesevangeliums verstanden werden: „Im Anfang war das Wort, und das Wort war bei Gott, und Gott war das Wort". Analysiert man diesen Prozess, so zeigen sich drei Momente: das Eine, das Andere und die Verbindung von beiden. Das war die triadische Interpretation der prozessualen Entstehung der Zahlen, wie sie vor allem Proklos beschrieben hatte; und selbstverständlich ließ sie sich theologisch deuten, als göttliche Trinität. Im Anschluss an Proklos hat Nikolaus von Kues diese Deutung im Spätmittelalter stark gemacht. Seine Grundidee ist einfach und schlagend: Die spekulative Numerologie von Eins bis Drei zeige, so lehrt er, die Idee des christlichen Trinitätsdogmas noch deutlicher als die Metapher von Vater, Sohn und Geist.[4] Mit dieser Denkfigur bekomme man nicht nur einen Begriff von Trinität, sondern zugleich die Idee einer Ordnung als solcher. Jede Ordnung verlangt Unterscheidung und Verbindung innerhalb desselben Prozesses; theologisch ist das die Selbsterzeugung der göttlichen Trinität.

Das steht alles nicht wörtlich in der Bibel, aber darauf kommt es bei der spekulativen Exegese auch nicht an, vielmehr handelt es sich um die Verschränkung von biblischer Exegese und spekulativer Philosophie. Der Wahrheitsanspruch ist nicht nur, dass es nicht anders denkbar sei, sondern auch, dass damit die biblische Botschaft philosophisch begründet werden könne; und beides zusammen begreift sich als heilsame Teilhabe an der göttlichen Weisheit.

Die Beschreibung des absoluten Werdensprozesses umfasst auch das Geheimnis der Existenz, denn das Sein ist nur als der

[4] Nikolaus von Kues: *De docta ignorantia* I vii, § 21.

Ursprung aus dem Unbestimmten zur Unterscheidung von Sein und Nichts zu begreifen. Weil sie das Wunder der Existenz zeigen, sind solche Spekulationen nicht nur als gedanklicher Nachvollzug des absoluten Anfangs interessant, sie sind auch erbaulich. Die Interpretation des kleinsten Buchstabens des hebräischen Alphabets, Jod י, kann diesen Zusammenhang auch symbolisch zeigen: Man muss sich diesen Buchstaben vorstellen als Symbol des Anfangs. Er beginnt mit dem Punkt, der bekanntlich keine Teile hat und doch der Anfang der Räumlichkeit ist. Wenn er nicht räumlich wird, ist der Punkt unsichtbar. Diese Dialektik, sowohl ausgedehnt als auch nicht ausgedehnt zu sein, macht den Punkt zum Symbol des Einen, das wie das Eine nur sichtbar wird, wenn es aus sich herausgehet. Wenn der geistige Punkt in die Räumlichkeit sozusagen ‚platzt', dann kann man das verstehen als ‚Dimensionierung' des ursprünglich Unausgedehnten: wie ein Vektor entfaltet sich der Punkt nach oben und zur Seite, das zeigt der Buchstabe י; er ist damit das Symbol des Anfangs. Für die Entfaltung der Räumlichkeit muss man sich die Entfaltung dreidimensional vorstellen.

Göttliche Namen.

Die kabbalistische Interpretation des göttlichen Namens יהוה JHWH setzt das besondere Verhältnis von Sprache und Schrift voraus. Die Buchstaben stellte man sich als die Formen der Welt vor, die Gott vor der Konzeption der Welt kombinierte. Die Schriftzeichen waren ‚vor' dem ausgesprochenen göttlichen Wort, und beides, Wort und Schrift, teilte Gott den Menschen in der Offenbarung der Torah mit. Da alles Wissen von Gott kam und im Prinzip in der Kombination von Buchstaben bestand, war es selbstverständlich, dass die höchsten und wichtigsten Buchstaben die drei Buchstaben waren, die den Namen

Gottes bezeichneten. Sie verwiesen nicht nur auf den ersten Grund und den Inbegriff allen Seins, sondern sie symbolisierten auch die göttliche Kraft, die aus den Vor-Gedanken extramentale Realität machen konnte, wie das in der Schöpfung geschehen war. Die Buchstaben des göttlichen Namens waren mithin der Inbegriff der Wirklichkeit setzenden, der reifizierenden Kraft Gottes, sie waren der Inbegriff der Sprache, durch die die extramentale Realität der Schöpfung verwirklicht wurde.

Das göttliche wirkende Wort war in seinem Namen zusammengefasst; denn jemanden bei seinem Namen rufen, heißt, über ihn verfügen zu wollen, und, wenn er gehorcht, dieses auch zu können. Deshalb durfte der Name Gottes nicht ausgesprochen werden, der Anspruch, Macht über Gott haben zu wollen, war blasphemisch. Man konnte aber an der Macht Gottes dadurch teilhaben, dass man den Namen Gottes nicht nannte, sondern nur schrieb. Denn auch der geschriebene Name Gottes eröffnete vielleicht noch die Verfügungsgewalt über die Kraft, mit der Gott die Welt schuf – d.i. der geschriebene Name Gottes hatte magische Kräfte. Aus diesem Grund ist die Interpretation der vier Buchstaben des göttlichen Namens der Versuch, durch die Erkenntnis ihrer Kraft die Geheimnisse des Werdens und der Existenz selbst zu ergründen.

JHWH.

Die Form der drei Buchstaben Jod י, He ה und Waw ו, mit denen der göttliche Name geschrieben wird, hatte mithin eine besondere Bedeutung. Die wichtigste Quelle für diesen zentralen kabbalistischen Topos fand sich in Maimonides' *Führer der Unschlüssigen.*[5] Das Thema des vierbuchstabigen göttlichen

[5] Moses Maimonides: *Führer der Unschlüssigen* I lxi.

Namens war unter den antiken und mittelalterlichen Theologen und Philosophen lange diskutiert worden.[6] Der erste Buchstabe des Tetragramms, der Buchstabe י Jod, wurde als Zeichen der anfänglichen göttlichen Kraft gedeutet. Das ה He ließ sich als die Form interpretieren, in der sich diese göttliche Kraft selbst definierte und fasste. Es bildete damit hylemorphistisch, d. h. gemäß der Definition, dass jedes Ding aus Form und Materie bestehe, das Moment der ersten, hauchfeinen Materialität. Da das He auch als Aspiration gelesen werden konnte, war es möglich, es auch als Atem, als Gottes belebenden Geist und als Person (נפש *nefesch*) zu verstehen. Der dritte Buchstabe, das Waw ו, wurde als Vermittler zwischen dem Jod und dem He gewertet, weil seine Form halb Jod (י) und halb He (ה) war, und außerdem, weil es auf Hebräisch ‚und' bedeutet. Es konnte deshalb auch als Symbol der Trennung zwischen dem ersten und dem zweiten He begriffen werden: Kosmologisch interpretiert, bedeutete das erste He den göttlichen Bereich des Empyräums, das zweite He verwies auf die Schöpfung der Welt, die die Form der göttlichen Selbstfassung im He wiederholte. Damit zeigte das Tetragramm zugleich die Struktur des Werdens des Himmels und der Welt.

ii. Das Buch Jezira

Der Name Gottes, der im Tetragramm gefasst ist, symbolisiert in seinen Buchstaben den Prozess des göttlichen Werdens; die göttliche Schöpfung wird durch das hebräische Alphabet insgesamt, d. h. in seiner Doppelkodierung als Buchstabe und als

---

[6] Vgl. Schmidt-Biggemann, *Philosophia Perennis* [wie Anm. 1.7], Kap.: „Göttliche Namen", S. 97–204 u. *Geschichte der christlichen Kabbala* [wie Anm. 2], Bd. 1, S. 38–41.

Zahlzeichen symbolisch geformt. Die Buchstaben sind mithin die Prädispositionen der Schöpfung.

Das kabbalistische Werkchen, das diesen Prozess der Weltwerdung aus Buchstaben zeigt, ist das *Buch Jezira*.[7] Es ist in drei Hauptfassungen überliefert und hat eine Fülle von Kommentaren ausgelöst. Sein genaues Alter ist unbekannt, Datierungsvorschläge reichen vom 1. bis zum 10. Jahrhundert nach Chr.[8] Es beschreibt in fünf kurzen Kapiteln, wie Gott aus drei Buchstabengruppen, in die das hebräische Alphabets eingeteilt werden kann, und aus den zehn Zahlzeichen, die einzelnen Buchstaben des hebräischen Alphabets entsprechen, die Welt ‚formt und haut'. Das geschieht ganz ohne Sprache, nur durch die Form der Buchstaben und die göttliche Kraft.

Kap. 1 exponiert zunächst die pythagoreisch- kabbalistische Bedeutung der Zahl Zehn als der 10 Sefirot und der 22 Buchstaben des hebräischen Alphabets.[9] Das sind die 32 Pfade der Weisheit. Die 10 Sefirot sind hier nicht als göttliche Kräfte, sondern als „Urzahlen und Elemente der Schöpfung Gottes"[10] verstanden. Die Zehnzahl ist evident:

> „*Zehn und nicht neun,*
> *zehn und nicht elf.*
> *Verstehe durch Weisheit*
> *Und sei weise mit Verstand.*" (§ 4, S. 15)

---

[7] Die beste deutsche Ausgabe dieses Werks ist die Übersetzung von Klaus Herrmann: *Sefer Jezira. Buch der Schöpfung*. Aus dem Hebräischen übers. u. hg. von Klaus Herrmann. Frankfurt und Leipzig: Verlag der Weltreligionen 2008. Dieser Text ist zitiert.

[8] Siehe das Nachwort von Klaus Herrmann, vor allem das Kap. „Herkunft und Datierung", S. 184–203.

[9] Ich gehe auf die Bedeutung dieser Stücke im Bezug auf die Sefirot nicht ein. Vgl. Herrmanns Kommentar, S. 145–165.

[10] Kommentar Klaus Herrmann, S. 145

Die Zehn zeigt sich in der Schöpfung, und die Zehnzahl der Finger beweist es (§ 3).

Die (neo)pythagoreische Zahlenlehre geht vom Unaussprechlichen, noch nicht prädizierten, ‚nackten' Einen aus. Im Büchlein *Jezira* wird diese Einheit als die unhintergehbare Einheit des Schöpfergottes beschrieben:

> „*Erkenne,*
> *bedenke*
> *und mache dir ein (klares) Bild (davon),*
> *daß der Herr Einer ist und der Bildner Einer ist,*
> *und es gibt keinen Zweiten wie ihn.*
> *Denn vor der Eins –*
> *Was kannst du da (noch) zählen?*" (§ 6, S. 16)

Die Zehn durchwaltet als heiliger Geist die Schöpfung, schafft ihre Elemente und ordnet sie:

> „*Dies sind die zehn Sefirot belima*[11].
> *Geist des lebendigen Gottes.*
> *Wind,*
> *Wasser,*
> *Feuer,*
> *Oben,*
> *Unten,*
> *Osten,*
> *Westen,*
> *Norden,*
> *Süden.* (§ 16, S. 27)

[11] Belima: Ohne etwas. Vgl. den Kommentar von Klaus Herrmann S. 226 f.

Der Heilige Geist, der Stimme, Hauch und Wort ist, konstituiert in Kap. 2 die Welt; der Schritt über die elementare räumliche Weltordnung der Zehn hinaus ist das Alphabet der 22 Buchstaben, von dem das Büchlein behauptet, der Geist habe die Urformen der Welt wie eine Skulptur aus den Buchstaben des hebräischen Alphabets gehauen und diese Buchstaben dann kombiniert: Das Alphabet enthält mithin primordiale Elemente der Weltschöpfung. Über die 22 Grundbuchstaben heißt es:

> *Er gravierte sie,*
> *meißelte sie ein,*
> *wog sie,*
> *wechselte sie aus,*
> *verband sie miteinander*
> *und bildete damit:*
> *Die Seele alles Geschaffenen*
> *Und all dessen, was künftig zu bilden ist.* (19 A S. 29)

Die Buchstaben werden nach einer sonst nicht näher bekannten Tradition in drei Gruppierungen geteilt: drei ‚Mütter', sieben ‚Doppelte' und zwölf ‚Einfache'. In der ersten Gruppe der ‚Mütter' (Alef א, Mem מ und Schin ש) wird die Dreiheit der Buchstaben mit einer Waage verglichen (§ 23, S. 37) – darauf verweist der Buchstabe Schin ש in seiner Form. Zugleich mit den ‚Müttern' werden Feuer (אש *esch*) und Wasser (מיים *majim*)[12] sowie Männlichkeit und Weiblichkeit geschaffen: in ihnen ist das Leben des Kosmos grundgelegt (§ 24, S. 37 f.). Diese Buchstaben symbolisieren die Elemente: das Wasser,

[12] Das verweist auf die *schamajim* (שמיים), die Himmel, die aus *majim* und *esch* geschaffen werden.

aus dem die Erde entstanden ist, das Feuer, aus dem der Himmel besteht, und die Luft, die zwischen beiden vermittelt (§ 25, S. 38). Diese Dreiheit hat ihre Korrespondenz im menschlichen Körper: Der Kopf entspricht dem Feuer, der Bauch dem Wasser. Zwischen beiden vermittelt der Wind (§ 30, S. 40). Diese Spekulation nimmt das Motiv der Entsprechung von Mikrokosmos und Makrokosmos auf.

Kap. 4. Die zweite Buchstabengruppe des Alphabets sind die sieben ‚Doppelten': *Bet, Gimel, Dalet, Kaf, Pe, Resch, Taw.* Ihre Doppelheit zeigt sich symbolisch darin, dass sie die positiven und die negativen Seiten des Seins symbolisieren: Leben und Tod, Frieden und Unheil, Weisheit und Torheit, Reichtum und Armut, Aussaat und Ödnis, Schönheit und Hässlichkeit, Herrschaft und Knechtschaft. Ihre Siebenheit weist zugleich die Dimensionen des Raumes auf: Oben, Unten, Osten, Westen, Norden, Süden, schließlich das Zentrum der Heiligkeit (§ 37, S. 46). Die Sieben ist die Ordnungszahl der Zeit und des Kosmos: Sechs Dimensionen und ein Palast in der Mitte (§ 38, S. 48), Sieben Planeten, sieben Pforten der Seele: zwei Augen, zwei Ohren, Mund und zwei Nasenlöcher, sieben Schöpfungstage, der heilige siebte Tag, der Sabbat (§ 43 A, S. 54).

Kap. 5. Die dritte Gruppe bilden die zwölf ‚Einfachen', *He, Waw, Zajin, Bet, Tet, Jod, Lamed, Nun, Samekh, ‘Ajin, Zade, Quof.* Diese Buchstaben sind gleichfalls Ordnungszahlen des Kosmos; sie symbolisieren die Fähigkeiten des Menschen, sie bedeuten aber auch die Untereinteilungen der Himmelsrichtungen (§ 47, S. 60), die Zahl der Monate, die Einteilung des Tages in Stunden und die Organe des menschlichen Körpers (§ 49, S. 64 f.).

Kap. 6. Den Abschluss bildet ein astrologisches Kapitel, das Mikrokosmos und Makrokosmos verbindet. Es nimmt die Interpretation der Buchstabengruppen auf. Drei Väter und

Erzeuger (Feuer, Wasser und Geist) im Makrokosmos entsprechen Kopf, Bauch und Brust im Mikrokosmos. Ihre Abkömmlinge: sieben Beherrscher des Makrokosmos, die sieben Planeten, entsprechen den sieben Pforten des Körpers; die zwölf astrologischen Häuser, die zwölf Enden der Welt, von wo die Winde wehen (§ 58, S. 80), haben ihre Entsprechung in den zwölf Organen des Leibes.

Und Gott, der beständige König,
herrscht über sie alle,
die Eins über die drei,
die drei über die sieben,
die sieben über die zwölf.
Sie alle sind gehorsam gegeneinander. (§ 48 C, S. 87)

Ein Epilog schreibt das *Buch Jezira* dem Abraham zu:

Dies ist das Buch der Buchstaben von Abraham, unserm Vater,
das genannt wird: Die Lehrsätze der Schöpfung. Die Weisheit dessen der in es schaut, ist unermeßlich." (§ 64, S. 95)

Wie nun kann man dieses kabbalistische Schlüssel- und Erzbüchlein, das das hebräische Alphabet geheimnisvoll als Element der göttlichen Schöpfung deutet, verstehen?

Das Büchlein hat viele Interpretationen erfahren; ich wähle eine späte, die von dem englischen Universalgelehrten und Theosophen Robert Fludd stammt.

iii. Die buchstäbliche Präformation der Welt. Robert Fludds Interpretation des *Buchs Jezira*

Fludds Darstellung der kabbalistischen buchstäblichen Symbolik ist aus christlicher Perspektive verfasst. Sie findet sich im vierten Band seiner Enzyklopädie *Utriusque Cosmi Historia* (1617–21).[13] Robert Fludd (1574–1637), Mediziner, Astrologe, Mathematiker und Naturphilosoph, war Anhänger des Paracelsus und der wichtigste englische Repräsentant der Schule des Nikolaus von Kues, die christlichen Neuplatonismus, Pythagoreismus und Kabbala miteinander verband. Er lehrte eine Kosmologie, die die mosaische Schöpfungsgeschichte naturphilosophisch interpretierte, die den Einfluss der Sterne auf das Weltgeschehen im einzelnen – bis in Anleitungen zur praktischen Horoskopie – darlegte, die alle menschlichen Künste und Techniken seiner Zeit detailliert abbildete, beschrieb und in der Analogie zu ihren himmlischen Archetypen erläuterte.

Die Buchstaben des Tetragramms und die Mütter des hebräischen Alphabets – Das Alef als Abgrund, Anfang, Einheit und Materie – Das Schin als Licht und Feuer – Das Mem als Wasser.

---

[13] Zu Robert Fludd s. meine Einführung in den Bd. 1 des Neudrucks von *Utriusque cosmi historia* (Stuttgart: frommann holzboog 2011, = UCH) und meine *Geschichte der christlichen Kabbala*. Bd. 2 (2013), S. 62–146.

Die Buchstaben des Tetragramms und die Mütter des hebräischen Alphabets

Fludd hält die Kabbala für die Form menschlicher Erkenntnis, die theologische und philosophische Spekulation mit Einsicht in das Wesen göttlicher Selbst- und Weltproduktion verbindet. Für ihn ist die Kabbala Metaphysik aller Offenbarung. Er deutet die drei Buchstaben des Tetragramms י *Jod,* ה *He* und ו *Waw* als ‚väterliche' Buchstaben, die die ‚Mütter' des Alphabets (א *Alef,* מ *Mem,* ש *Schin*) befruchten. Die Symbolik des Alphabets erläutert hier den Ursprung des lebendigen Kosmos.

Das Tetragramm symbolisiert alle Kraft des Daseins. Es ist das Symbol des Lebens selbst, weil es sich ständig neu aus dem Unbestimmten zum Bestimmten definiert. Es konstituiert sich als dieses Werden selbst, indem es sich triadisch ständig auf sich selbst bezieht, Aber es geht über sich hinaus, denn es zeigt zugleich das Werden der Schöpfung. Dieser Prozess des göttlichen Lebens, das über sich hinausgeht und den Kosmos schafft, ist nach Fludds Verständnis der kabbalistischen Lehre durch die Buchstaben des hebräischen Alphabets vermittelt.

Das ist die Kosmologie des Alphabets, die das *Buch Jezira* lehrt. Fludd versteht die Buchstaben des hebräischen Alphabets als archetypische Muster der Schöpfung und interpretiert die drei Gruppen des hebräischen Alphabets als Momente des kosmischen Lebensprozesses. Leben stellt er sich aristotelisch vor, als Verhältnis von aktiv und passiv, männlich und weiblich, Form und Materie, Hyle und Morphe. Dieses ‚hylemorphistische' Lebenskonzept findet er im Alphabet wieder.

Die drei ‚Mütter' des hebräischen Alphabets deutet Fludd in seiner spekulativen Buchstabenphysik als die *potentiae passivae* der drei Buchstaben des Tetragramms, die die ‚Väter' sind. Die sechs Buchstaben sind einander zugeordnet: das י Jod dem א

Alef, das ה He dem מ Mem, das ו Waw dem ש Schin. Mit dieser Zuordnung kann Fludd zugleich seine physikalische Elementenlehre begründen, denn nach dem *Buch Jezira* bedeuten Alef, Mem und Schin Luft, Wasser, Feuer. Die Himmel sind geschaffen aus Feuer, die Erde ist geschaffen aus Wasser, und die Luft schwankt zwischen dem Feuer und dem Wasser. Die Mütter empfangen die Kraft des Tetragramms: so befruchtet das Jod das Alef, das He das Mem, das Waw das Schin. Die Mütter des Alphabets, die zugleich die ersten Elemente darstellen, nehmen die Kraft der Väter des Tetragramms auf (S. 84–106). So werden die Elemente Luft, Wasser und Feuer durch das ewige göttliche Werden, das im Tetragramm symbolisiert ist, belebt.

Das Alef als Abgrund, Anfang, Einheit und Materie

Das Alef hat seine besondere Dynamik. Die vier Buchstaben des Gottesnamens haben den Zahlenwert 26, das Jod ist das Zahlzeichen für 10, die beiden He bezeichnen je 5, das Waw 6. Für den Christen Fludd, der an die göttliche Bedeutung der Trinität glaubt, ist aber die eigentlich heilige Zahl die 27, nämlich 3^3, das ist die Kraft der Drei in dritter Potenz. Zur Ergänzung fehlt das Alef, das Zeichen der Eins. Es symbolisiert die unbestimmte Einheit, ist Zeichen gleichermaßen für Eins und Nichts, reine Potenz.[14]

Genau diese Funktion ist die Besonderheit des Alef. Es steht zugleich für das Wasser und die Finsternis, das ‚wüst und leer', woraus sich, gemäß dem ersten Tag des Schöpfungsberichts, durch die Befruchtung mit dem göttlichen Geist und Licht

[14] Vgl. UCH, Bd. 4.1, S. 14: „Quomodo Aleph parvum seu tenebrosum in sua unitate mystice illud ineffabile nomen Tetragrammaton in se comprehendat; et per consequens, quod Aleph magnum et lucidum sit nihil aliud, quam ipse Jehova symbolice descriptus."

schrittweise die Erde als unterste Materialität entwickelt: Diese Werdensdynamik stellt sich Fludd so vor: Das *Aleph tenebrosum* ist das unbestimmte Eine, in dem das Nichts mit dem Etwas koinzidiert (S. 82); als diese Koinzidenz wird die biblische ‚Finsternis über dem Abgrund' (Gen 1,2) interpretiert. Nun erfolgt der Sprung in die Existenz: Das *Aleph tenebrosum* spiegelt sich in sich selbst und definiert sich dadurch (S. 81). Das ist die Ur-Teilung. In ihr setzt es sich als Jod dem Abyssus, dem Abgrund, entgegen. So wird das Jod zum Symbol des Anfangs; christlich-theologisch zum Symbol des Vaters.

Hier zeigt sich die symbolische Kraft des Jod. Es ist Symbol des Vaters, sofern es der erste Buchstabe des Tetragramms ist. Der nächste Schritt entspricht dem Gottesnamen אהיה *(Ehieh)*, einer Permutation des Tetragramms. Dieser Name wird als Verbindung der ersten beiden Buchstaben des Tetragramms mit dem *Aleph tenebrosum* interpretiert: Hier erscheint das Jod als lebendige Kraft der Trinität: Das Alef ist der Vater, das Jod der Sohn und He das Symbol des Heiligen Geistes. Dieser Geist Gottes wird als der gedeutet, der nach Gen 1,2 über den Wassern (*majim*, symbolisiert durch das Mem) schwebt. Diese Wasser werden durch den Geist befruchtet und damit zu lebendigen Wassern.

Das Schin als Licht und Feuer

Das Schin symbolisiert das Licht. Die Kabbala des Schin als Licht und Feuer hängt vor allem an zwei Wörtern: *esch*, Feuer, und *schemesch*, Sonne. Nach der Schöpfungsgeschichte wurde das Licht erst spät am ersten Schöpfungstag erschaffen. Zunächst herrschte Finsternis *(Aleph tenebrosum)*, dann entstanden die Wasser (symbolisiert durch das Mem), über denen der Geist Gottes schwebte, schließlich sprach Gott: „Es werde

Licht". Die Kabbala von *Esch* אש ist unmittelbar einleuchtend: Denn Gott ist als Einer (א) im Feuer (ש). *Schemesch* שמש enthält darüber hinaus die kabbalistische Information, dass inmitten des Lichts das Wasser (מ in שמש) der feuchte Kern des sichtbaren Lichts ist: Die Sonne ist deshalb nicht mehr reines göttliches Licht, sondern das Licht unter dem Firmament, das schon durch das Wasser gedämpft ist.

Schemesch, שמש, entspricht in seiner Struktur genau dem Schöpfungswort *jehi*, יהי (*fiat*, ‚es werde'): beide Wörter bestehen aus zwei gleichen Buchstaben, zwischen denen ein anderer steht. Das Schin, Symbol des göttlichen Lichts, korrespondiert dem Jod, dem Symbol der göttlichen Kraft im Tetragramm. Das Mem, Symbol des informierten Wassers, entspricht dem He, dem Symbol des Heiligen Geistes. Fludd interpretiert das zweite Schin in *schemesch*, Sonne, als das Wort, durch das alles geschaffen wurde. Es ist zugleich die dritte Person der Trinität, „lux aeterna, sapientia sacrosancta, Messias seu virtus Tetragrammati" (S. 122).

Zugleich belegt der Psalm 104 [103],2 seine Interpretation des Wortes *schemesch*. Dort heißt es, Gott sei vom Licht ummantelt, „Deus amictus lumine" (S. 122). Das ist der Glanz Gottes, der die fruchtbaren Wasser umhüllt, zugleich seine Weisheit, die im Alphabet symbolisch repräsentiert ist, das Wort, durch das die Welt wurde. An diesem Licht haben auch die Engel und die menschliche Seele teil.

Fludd endet, wie für einen christlichen Kabbalisten angemessen, erbaulich und anagogisch; er hofft auf die belebende Kraft des göttlichen Wortes auch im kommenden Leben: Das Licht ist in Christus und seiner Kraft auch spirituell auf Erden. Sein lebendiges Wort durchdringt feurig das Wasser; seine Kraft zeigt sich als das lebendige Feuer des göttlichen Wortes, das den Lazarus auferweckt (S. 125, vgl. Joh 11,43).

Das Mem als Wasser

Das Wort מים *majiim*, Wasser, legt mit seinen beiden Mem die Interpretation des Buchstabens Mem als Wasser nahe. Fludd erläutert diese Kabbala im zweiten Buch des zweiten Teils seiner Kabbala-Einführung: „De Primariis Naturae Elementis" (S. 107–117). Der biblische Text berichtet von Gottes Schöpfung am zweiten Tag: „Dann sprach Gott: Ein Gewölbe entstehe mitten im Wasser und scheide Wasser von Wasser. Gott machte also ein Gewölbe und schied das Wasser unterhalb des Gewölbes vom Wasser oberhalb des Gewölbes. So geschah es." Fludd deutet diesen Bericht symbolisch. Das hebräische Alphabet unterscheidet zwei Formen des Buchstabens Mem, ein Anfangs-מ und ein Schluss-ם. Das Anfangs-Mem von ‚Majim' interpretiert Fludd gemäß Gen 1,6–8 als das Wasser oberhalb des Firmaments, das Schluss-Mem als das Wasser unter dem Firmament, das sich am dritten Schöpfungstag zum Meer sammelt (Gen 1,9 f.).

Das Wasser ist aus dem Nichts des *Aleph tenebrosum* entstanden, indem dieses vom göttlichen Licht erleuchtet wurde. Das *Aleph tenebrosum* wurde nach Fludds Interpretation zuerst zu himmlischem Wasser geformt, das oberhalb des Firmaments im Empyräum seinen Ort hat. Die Belebungs-Energie des göttlichen Lichts geht aber über die Aufnahme-Kapazität des ersten Wassers hinaus: So wird das Wasser unter dem Firmament ebenfalls durch die noch nicht verbrauchten Kräfte des göttlichen Lichts informiert. Daraus entsteht zweitens das ätherische Wasser der Sternenwelt, das den Geist enthält. Aber auch hiermit ist die Formungsenergie des Lichts nicht erschöpft: Drittens wird das irdische Wasser durch das Licht- und Sternen-Wasser informiert, das als lebendiges Wasser vom Himmel regnet und aus dem viertens die Erde ausfällt (S. 110, 112).

Das Wasser, *omnium rerum existentium mater* (S. 96), ist das Element, das zwischen Himmel und Erde vermittelt. Das Wasser über dem Firmament ist für den christlichen Kabbalisten Fludd das vergeistigte, sakramentale Wasser, mit dem in der Kraft des Geistes getauft wird. Das Wasser unterhalb des Firmaments, das *in potentia* auch die Erde enthält, ist das Element, das einem ständigen Informationsprozess unterliegt. So erfüllt das Wasser unter dem Firmament als Wetterelement den Himmel unterhalb der Sonnensphäre (in diesem Gedanken folgt Fludd Aristoteles' Traktat über die Meteorologie). Der ‚Geist über den Wassern' und das göttliche Licht informieren in einem noch immer unabgeschlossenen Prozess das Wasser unter dem Firmament, das die *Potentia passiva*, die Materie des Lebens ausmacht. Fludd stellt sich vor, dass der Formungsgrad des Wassers durch das himmlische Licht von Planetensphäre zu Planetensphäre abnimmt. Der Prozess der Information des Wassers scheitert immer häufiger; der Anteil der gegen die Information widerständigen Materie, die im Wasser enthalten ist, wächst ständig, je näher dieser Prozess der irdischen Sphäre kommt. So kann man begreifen, wie die Stabilität der Naturbewegungen vom Firmament, das sich absolut regelmäßig bewegt, bis zu den vergänglichen Lebensformen der Erde kontinuierlich abnimmt. Zwar ist auch die irdische Welt noch vom göttlichen Licht erleuchtet, aber die Fülle Seiner Herrlichkeit wird sich der menschlichen Seele erst eröffnen, wenn sie alle Irdischkeit hinter sich gelassen hat und an der himmlischen Herrlichkeit teilhaben wird.

Der skeptischere Leser, der sich von Fludds enthusiastischem Schwung nicht mitreißen lässt, wird sich fragen, wie denn der Wahrheitsgehalt solcher Spekulationen einzuschätzen sei. Diese Gedanken sind so wahr, wie performative Sätze in dem

Moment wahr werden, wo man sie äußert. Sie sind keine Aussagen über externe Sachverhalte, sie werden wahr, indem man sich mit ihnen zufriedengibt. Kann man sich mit ihnen zufriedengeben? Diese Spekulationen wären wahr, wenn es so wäre, und dann wäre es gut und auch schön. Unter diesen Voraussetzungen bekommt der Elementarsatz von Wahrheit ‚so ist es' einen Plausibilitätsanspruch wie Glanz und Gloria, einen theologisch-ästhetischen, eben erbaulichen Wahrheitsanspruch, tröstlich, schön, auch wahr?

Wenn es so wäre!

3. Die Sprache Adams und die Philologie

Vorweg: Kreditprobleme von Theorien

Die Idee der adamitischen Sprache scheint auf den ersten Blick eine merkwürdige, fremde und geradezu absurde Theorie zu sein, weit weg von allen gängigen Sprachtheorien. Das war bis zur ersten Hälfte des 18. Jahrhunderts keineswegs der Fall. Bis dahin war die Idee, dass Gott den Menschen mit Sprache begabt habe und dass dies zuerst im Paradies geschehen sei, allgemein akzeptiert. Die Idee des göttlichen Ursprungs der Sprache war über eineinhalb Jahrtausende die einzige Sprachursprungstheorie. Erst von den 1750er Jahren an geriet sie in die Kritik und wurde durch die These eines natürlichen Sprachursprungs ersetzt. Auch dann war allgemein akzeptiert, dass der Mensch sich vom Tier durch die Sprache unterschied; aber wie er allein von Natur aus zur Sprache gekommen war, ließ sich ohne logische Zirkelschlüsse nicht beschreiben; jede Theorie eines Sprachursprungs aus der Kommunikation von Menschen untereinander setzte die Sprache schon voraus.

Die Frage nach dem natürlichen Sprachursprung hat eine Menge Folgeprobleme, eines der wichtigsten ist die nach dem Geltungsbereich der Logik. Logik ist von Sprache, genauer von der Syntax abhängig; die Logik hat, wie die elementare Mathematik, keinen Zeitindex. Auch die elementare Mathematik ist sprachförmig. So ergibt sich für die These vom natürlichen Sprachursprung eine merkwürdige Paradoxie: Galten die Gesetze der Logik erst nach der Erfindung der Sprache durch den Menschen? War zwei plus zwei erst vier, seit es Menschsprache gab? Diese Folgerung ist absurd. Deshalb schrieb der Berliner Pastor Johann Peter Süssmilch (übrigens der Erfinder der Bevölkerungsstatistik noch vor Thomas Robert Malthus) 1766, auf dem Höhepunkt der Diskussion über den natürlichen Ursprung der Sprache ein Büchlein mit dem Titel „Versuch eines Beweises, dass die erste Sprache ihren Ursprung nicht vom Menschen, sondern allein vom Schöpfer erhalten habe".[1] Sein Argument: Es gibt keine plausible Erklärung dafür, dass sich die Logik in einem natürlichen Prozess entwickelt habe; sie hat keinen Zeitindex und ist in ihren Gesetzen immer als vollständig vorauszusetzen. Und in der Tat blieb die Diskussion um den Sprachursprung ohne Resultat. Wie schon erwähnt, erklärte die Société Linguistique in Paris im Jahr 1866, dass in dieser Vereinigung die Diskussion um den Sprachursprung nicht gestattet sei.[2]

Das Thema Lingua Adamica führt unausweichlich zu einer zweiten Frage, und die ist ebenso vertrackt wie die nach dem Sprachursprung: Wie kommt es, dass philosophische und theologische Wahrheiten ihren Kredit verlieren? In welcher Weise handelt es sich um Wahrheiten oder um Wahrheitsansprüche? Ist es plausibel – und Plausibilität bedeutet nicht mehr und nicht weniger als Beifallstauglichkeit – zu sagen, dass Kants Transzendentalphilosophie oder Hegels Theorie des absoluten Geistes oder Wittgensteins Sprachspiel-Ideen wahr sind? Ist Plausibilität ein Haltbarkeitskriterium für Wahrheitsansprüche? Wenn ja, inwiefern? Und im Bezug auf die Frage nach der adamitischen Sprache ist dieses Problem gleichermaßen virulent: Wie kam es, dass die Idee des göttlichen Ursprungs der Sprache

---

[1] Berlin: Buchladen der Realschule 1766. ND Köln: Themen 1998.

[2] Siehe Anm. 2.3.

ihren Kredit verlor, lange, ehe der Atheismus gängige philosophische Lehre war?

Das vorliegende Kapitel versteht sich als die Beschreibung eines Prozesses, in dem die Lehre von der adamitischen Sprache und Weisheit erfunden wurde, ihren Wahrheitsanspruch spekulativ entfaltete und wieder verlor. Es ist ein Prozess, der 1700 Jahre dauerte – man kann daraus sehen, wie zäh das Leben spekulativer Phantasieprodukte ist. Wir leben wahrscheinlich immer in solchen phantastischen Ansprüchen, und ob sie wahr sind oder bleiben, ob sie, anders ausgedrückt, Kredit gewinnen, behalten oder verlieren, lässt sich stets erst im Nachhinein sagen. Erst wenn die selbstverständliche Glaubwürdigkeit schwindet, wird die Sache zum Problem.

I. Die Entdeckung der adamitischen Sprache

i. Philons kosmischer und irdischer Adam

Das Buch Genesis enthält zwei Berichte über die Schöpfung des Menschen. Der erste lautet: „Lasst uns Menschen machen als unser Abbild, uns ähnlich. Sie sollen herrschen über die Fische des Meeres, über die Vögel des Himmels, über das Vieh, über die ganze Erde und über alle Kriechtiere auf dem Land. Gott schuf also den Menschen als sein Abbild; als Abbild Gottes schuf er ihn. Als Mann und Frau schuf er sie." (Gen 1,26 f.)

Der zweite Bericht erzählt die Erschaffung Adams aus Lehm und Evas Schöpfung aus der Rippe Adams: „Da formte Gott, der Herr, den Menschen aus Erde vom Ackerboden und blies in seine Nase den Lebensatem. So wurde der Mensch zu einem lebendigen Wesen." (2,7) Es folgt die Beschreibung des Gartens Eden, Gottes Erkenntnis, dass Adam, den er in dieses

Paradies gestellt hat, einsam ist und sein Beschluss: „Es ist nicht gut, dass der Mensch allein bleibt. Ich will ihm eine Hilfe machen, die ihm entspricht.“ (2,18) Zwei Verse später folgt die Realisierung:

> Da ließ Gott, der Herr, einen tiefen Schlaf auf den Menschen fallen, so dass er einschlief, nahm eine seiner Rippen und verschloss ihre Stelle mit Fleisch. Gott, der Herr, baute aus der Rippe, die er vom Menschen genommen hatte, eine Frau und führte sie dem Menschen zu. Und der Mensch sprach: Das endlich ist Bein von meinem Bein und Fleisch von meinem Fleisch. Männin (heb. *ischah*) soll sie heißen, denn vom Mann *(isch)* ist sie genommen. (2,21 ff.)

Dazwischen steht die Stelle, die die Exegese der Lingua Adamica veranlasste:

> Gott, der Herr, formte aus dem Ackerboden alle Tiere des Feldes und alle Vögel des Himmels und führte sie dem Menschen zu, um zu sehen, wie er sie benennen würde. Und wie der Mensch jedes lebendige Wesen benannte, so sollte es heißen. Der Mensch gab Namen allem Vieh, den Vögeln des Himmels und allen Tieren des Feldes. Aber eine Hilfe, die dem Menschen entsprach, fand er nicht. (2,19 f.)

Philon von Alexandrien konzipierte die erste und langfristig wirkungsvollste Interpretation dieser Berichte. In seinem Kommentar zum Buch Genesis deutet er den Urmenschen Adam in doppelter Weise. Das Buch Genesis erzählt, wie gerade zitiert, die Schöpfung Adams in zwei Versionen: Einmal ist der Mensch, Adam, als Gottes Ebenbild, als Mann und Frau, geschaffen (Gen 1,26 f.). Im anderen Schöpfungsbericht ist Adam ein Wesen, das Gott aus dem Lehm der Erde formt und dem er durch die Nase Leben und Seele einbläst (Gen 2,7). Philon interpretiert die erste Erzählung als Schöpfung des kosmischen Urmenschen, wie ihn Plato im *Symposion* (189b–190b) imaginiert hatte, als androgynen Makrokosmos und Archetypen der Welt. Dieser Adam, schreibt Philon, „nach dem Bilde geschaffen, war eine Idee oder ein Typ oder ein Siegel, ein von Gott gedachtes Wesen, unkörperlich, weder Mann noch Frau, unvergänglich in seiner Natur."[3] Im Gegensatz zu diesem reinen, geistigen, überindividuellen und androgynen Adam war der individuelle Adam aus Seele und Körper zusammengesetzt (Gen 2,7). Dieser andere Adam, aus dessen Rippe seine Frau geformt wurde, ist der, der später gesündigt hat. Er hat mit seiner Seele, die ihm Gott durch die Nase einblies, noch Anteil am ewigen Vater, dem Schöpfer und Herrscher des Universums. „Denn was ihm eingeblasen wurde, war nichts anderes als der göttliche Atem, von dem die Heiligung und glückliche Segnung unseres Geschlechts erwächst, der zufolge zwar der sichtbare Teil sterblich, der unsichtbare Teil aber unsterblich ist." (S. 135)

Philon deutet Adams Benennung der Tiere als Allegorie der Erkenntnis aller geschaffenen Dinge. Der irdische Adam, durch Gottes Hand geformt, war als unmittelbare göttliche Schöpfung der „ursprüngliche Herr und Meister" (S. 83) aller Wesen, und, dank göttlicher Inspiration, gab er vor seinem Sündenfall allen Dingen ihren Namen. In diesem Prozess des Namengebens hatte Adam Einsicht in das innere Wesen der Dinge. Die Namen, die er gab, entsprachen dem göttlichen Schöpfer-

[3] Philon: *De creatione mundi. On the creation.* In: *Works.* With an English transl. by F. H. Colson and G. H. Withaker. London 1929 (Loeb Class. Lib. Bd. 1), S. 134.

wort, sie benannten das Wesen der Dinge in seiner ursprünglichen gottgewollten Perfektion. Sie hatten magische Kraft:

> Weil die ursprüngliche Kraft der Vernunft noch ungetrübt war und noch keine Unsicherheit, Krankheit oder böse Leidenschaft die Seele verdorben hatte, nahm er die Eindrücke, die die Körper und die Gegenstände in ihrer bloßen Realität verursachten, wahr, und die Namen, die er ihnen gab, waren genau passend, denn er erkannte genau die göttlichen Merkmale der Geschöpfe, die er beschrieb, und das Resultat war, dass ihr Wesen in dem Moment erkannt wurde, in dem ihre Namen genannt wurden. (S. 150)

Was bedeutete die Theorie der Lingua Adamica für die Menschen nach der Vertreibung aus dem Paradies? Zwar war diese Sprache mit dem Sündenfall verloren; aber die Erinnerung an ihre Perfektion blieb virulent. Es war die Erinnerung daran, dass der Mensch vor dem Sündenfall als Teilhaber an der göttlichen Schöpfungssprache Zugang zum Wesen der geschaffenen Dinge hatte. ‚Wesen' hieß die im göttlichen Schöpfungswort gefasste vollständige Fülle aller Eigenschaften jedes Dinges. Der Mensch konnte diese Perfektion ursprünglich begreifen, und er hatte sie als Maßstab seines Handelns zur Verfügung. Im Falle von Krankheiten oder anderen Abweichungen von der im Namen gefassten Perfektion konnte das Aussprechen des Schöpfungsnamens die ursprüngliche Perfektion wieder herstellen – die Lingua Adamica gewährte mithin nicht nur Einsicht in das Wesen der Dinge, sie prätendierte, auch magische Kraft zu haben; sie hatte Teil an der göttlichen Schöpferkraft. Darauf kam es an: Name, Wesen und perfekte Existenz stimmten genau überein; denn der Name hatte die Kraft, das Wesen der Dinge zu realisieren. Dieses magische Wissen war dem Menschen von Gott als Teilhabe am Prozess der Schöpfung vor dem Sündenfall zugänglich.

Das waren weitreichende Konsequenzen, und zumal die magischen Implikationen dieser Theorie waren theologisch riskant. Aber die rationale ‚Sparversion' des Magieversprechens der Lingua Adamica war theologisch akzeptabel. Diese bestand darin, dass die Tiere, die Adam mit Namen versehen hatte, dem Menschen ursprünglich gehorsam waren. Adam hatte also durch die Namengebung die Befehlsgewalt über die Tiere bekommen.

ii. Die Lingua Adamica in der scholastischen Theologie

Petrus Lombardus – Hugo von St Victor – Bonaventura – Thomas von Aquin – Benedictus Pererius.

Petrus Lombardus

Für die Behandlung des Topos der adamitischen Weisheit in der scholastischen Theologie war es entscheidend, dass ihm Petrus Lombardus († 1160) in seinen vier Büchern der *Sentenzen* ein eigenes Kapitel widmete. Da die *Sentenzen* des Petrus Lombardus das wichtigste theologische Lehrbuch der Scholastik waren, wurden ihre Lehrgegenstände durchgehend kommentiert – und das galt auch für den Topos der adamitischen Weisheit.

Im zweiten Buch fasst Petrus das Thema konzis zusammen: „Der Mensch war vor seinem Fall mit dreifachem Wissen begabt, dem über die Dinge, die seinetwegen geschaffen worden waren, dem über den Schöpfer und dem über sich selbst."[4]

[4] Petrus Lombardus: *Sent.* II, dist. 23, c. 3: „Quod triplicem habuit homo ante lapsum cognitionem, scilicet rerum propter se factarum et Creatoris et sui."

Zum Wissen der geschaffenen Dinge zitiert Petrus die einschlägige Stelle Gen 2,19–20, wo Adam den Tieren ihre Namen gibt. Aber er schließt daraus nicht, dass diese Namengebung die Teilhabe Adams am göttlichen Schöpfungswort einschließe, sondern er deutet diese Verse als selbständige Benennung Adams für die geschaffenen Dinge:

> Der Mensch hat offensichtlich Kenntnis der Dinge erlangt, denn nicht der Schöpfer, noch ein Engel, sondern der Mensch gab den Lebewesen Namen, womit gezeigt werden sollte, dass der Mensch Kenntnis der Einzeldinge hatte. Sie waren nämlich seinetwegen geschaffen und dazu bestimmt, dass er über sie herrsche. Über diese teilte ihm Gott das Wissen mit, und überließ ihm die Vorsicht und Sorge für sie.[5]

Das heißt also, der Mensch hat Kenntnis der Tiere, gibt ihnen Namen und ist herrschaftsberechtigt, denn Gott kümmert sich nicht um die Tiere.[6]

Der erste Mensch hat Kenntnis seines Schöpfers, weil er „durch gewisse innere Eingebung Gottes Gegenwart bedenkt". Aber er hat kein Wissen über die Zukunft, denn sonst hätte er seinen eigenen Sündenfall vorhersehen müssen.[7]

Schon bei Petrus Lombardus ist die Frage nach der Wesenserkenntnis der Tiere durch Namengebung eher zweitrangig, die

---

[5] Ebd.: „Rerum quippe cognitionem hominem accepisse, perspicuum est, cum non ipse Creator vel angelus aliquis, sed homo animantibus nomina imposuerit, ut ostenderetur quod singulorum notitia homo ipse habuerit. Quae enim propter illum creata erant et ab illo regenda et disponenda erant, horum omnium Deus illi et scientiam tribuit et providentiam atque curam reliquit."

[6] 1 Kor 9,9: „Kümmert sich Gott etwa um die Ochsen?"

[7] dist. 23, c. 4: „quadam interiora aspiratione qua Dei praesentiam contemplabatur".

Namen bestimmen nicht mehr das Wesen, sondern sind Indizien für den Herrschaftsanspruch des Menschen über die Lebewesen. Wichtig ist ihm vor allem die Erkenntnis des Schöpfers durch die Geschöpfe und die Selbständigkeit des Menschen.

Im Bezug auf die biblische Grundlage der adamitischen Weisheit scheint Gen 2,19 f, wo Adam den Tieren die Namen gibt, immer mehr in den Hintergrund zu treten und stattdessen Jesus Sirach 17,1–8 wichtig zu werden. Das Buch Jesus Sirach ist nicht Teil der hebräischen Bibel, sondern nur der Septuaginta und folglich auch der Vulgata. Dort wird die Perfektion des Urmenschen gerühmt. Der Text steht, was die Frage nach der Erkenntnis von Gut und Böse anbelangt, im Widerspruch zur Genesis-Erzählung.[8]

> 1. Der Herr hat den Menschen aus Erde erschaffen und lässt ihn wieder zu ihr zurückkehren. 2. Gezählte Tage und eine bestimmte Zeit wies er ihm zu und gab ihm Macht über die ganze Erde. 3. Ihm selbst ähnlich hat er ihn mit Kraft bekleidet und ihn nach seinem Abbild erschaffen. 4. Auf alle Wesen legte er die Furcht vor ihm; über Tiere und Vögel sollten sie herrschen. 5. Er bildete aus ihm eine Hilfe, die ihm ähnlich war, Rat, Mund und Zunge, Auge und Ohr, und ein Herz zum Denken gab er ihnen. Er gab ihnen ein Herz zur Erkenntnis und erfüllte sie mit der Wissenschaft der Einsicht.[9] 6. Er schuf ihnen Wissen vom Geist, mit klu-

[8] Ich verändere den Text der Einheitsübersetzung nach der Vulgata, die einige Verse mehr hat, die in der Einheitsübersetzung weggefallen sind, außerdem ist in der Einheitsübersetzung ‚der Mensch' (Vulgata: *homo*) als ‚die Menschen' in den Plural gesetzt.

[9] Dieser Vers 5 ist in der Einheitsübersetzung ausgefallen, weil er in den griechischen Handschriften schlecht bezeugt ist. In der Vulgata: „Creavit ex ipso adiu-

> ger Einsicht erfüllte er sie und lehrte sie, Gutes und Böses zu erkennen. 7. Er wendete sein Auge auf ihre Herzen und zeigte ihnen die Größe seiner Taten, um ihnen die Furcht vor ihm ins Herz zu pflanzen. 8. Sie sollten für immer seine Wunder rühmen und seinen heiligen Namen loben.

Die entscheidenden Topoi dieses Texts sind die Gottebenbildlichkeit, die hier als die Verleihung der göttlichen Kraft und die Herrschaftsberechtigung über alle „Tiere und Vögel" präzisiert wird (Vers 4), sowie die intellektuelle Einsicht in die göttliche Schöpfung, die mit verschiedenen Formulierungen dargestellt wird: Einerseits ist sie Wahrnehmung durch die Sinne und Kommunikationsfähigkeit (*consilium*, Augen, Ohren, Zunge), ferner Erkenntnis durch das Herz, schließlich *disciplina intellectus*, die Lehre von der verständigen Einsicht. All dieses vollbringt der Herr, um dem Menschen die Größe der göttlichen Schöpfung zu zeigen und ihn zum Lob des Schöpfers anzuleiten.

Wenn man diese Darstellung der adamitischen Weisheit mit der Allegorese der Benennung der Tiere (Gen 2,19 f.) vergleicht, kann man sie als Erläuterung genau dieser Lingua Adamica verstehen. Aber es ist auch deutlich, dass hier dem ersten Menschen erheblich mehr Wissen zugesprochen wird als nur die Kenntnis der Natur – vor allem wird hier dem ersten Menschen auch eine Gotteserkenntnis attestiert, die allerdings in der Ansprache Gottes an Adam auch im Genesistext vorausgesetzt wird. Diese Weisheit ist nun die entscheidende Beschreibung dessen, was unter adamitischer Weisheit – und

torium simile sibi; Consilium, et linguam, et occulos, et aures. Et cor dedit illis excogitandi, Et disciplina intellectus replevit illos." Von Vers 5 an wechselt auch der Numerus: Jetzt werden ‚die Menschen' prädiziert, nämlich Adam und Eva.

nicht mehr nur unter adamitischer Sprache – verstanden werden kann. Und diese Deutung wird verbindlich – bis Reuchlin sie wieder auf die göttliche Sprache zurückführt.

Hugo von St Victor

Hugo von St. Victor († 1141) war Zeitgenosse des Petrus Lombardus und lehrte wie dieser in Paris. Seine Abhandlung *Über die Sakramente* ist neben den *Sentenzen* des Petrus Lombardus der Text, der in der Folge den Rahmen für die Behandlung des Topos der adamitischen Weisheit bestimmt. Hugo richtet sich offensichtlich in seiner Darstellung nach dem Buch Jesus Sirach; und diese Orientierung bestimmt die Darstellung der Lingua Adamica auch bei Bonaventura und Thomas von Aquin. Hugo schreibt:

> Wenn man also nach dem Wesen des ersten Menschen vor dem Sündenfall fragt: Nach seiner Seele war er rational, er besaß das Unterscheidungsvermögen zwischen Gut und Böse, auch ursprünglich das vollkommene Wissen der Dinge. Denn wie wir glauben, dass der Mensch im Bezug auf seine körperliche Gestalt und sein Alter vollkommen geschaffen war, war er es ebenso im Bezug auf die Erkenntnis der Wahrheit und sein Wissen, das schließlich seiner ursprünglichen Vollkommenheit entsprach. Und wir nehmen an, dass er das Wissen vollkommen zugleich mit seiner Schöpfung empfangen hat und es ohne Anstrengung und Lernen sowie ohne zeitlichen Verzug erlangte. Vielmehr hat er es mit seiner Erschaffung von Beginn an sofort vollständig durch einmalige Inspiration und Erleuchtung von Gott empfangen. In dreifachem Wissen bestehen die Kenntnisse des ersten Menschen, im Wissen um seinen Schöpfer:

> Er weiß, von wem er geschaffen wurde, er weiß, als was er geschaffen wurde und er weiß, wie er handeln soll, schließlich auch in seinem Wissen darum, was mit ihm geschaffen wurde und was er aus diesem Grund und zu diesem Zweck zu tun hat.[10]

Das ist entscheidend: Adam hat sein Wissen insgesamt und auf einmal – *simul et semel* – durch göttliche Inspiration erhalten. Begründung: Dieses Wissen sei seiner ursprünglichen Perfektion angemessen. Adams Wissen ist bei Hugo nicht aus der Namengebung der Tiere entstanden, sondern Teil der ursprünglichen adamitischen Perfektion durch die Schöpfung. Adam hat sein Wissen zugleich mit seiner Schöpfung durch göttliche Illumination und Eingebung erhalten, *ab ipso sui conditionis exordio una ac simplici divinae aspirationis illuminatione*. Das schließt freilich nicht aus, dass auch die Namengebung der Tiere als Allegorie auf die adamitische Perfektion des Wissens gedeutet wurde.

---

[10] Hugo von St.Victor: *De Sacramentis* I, pa. 6, c. 12: „De Scientia hominis ante peccatum. Si ergo quaeritur de primo homine qualis ante peccatum fuerit: secundum animam quidem rationalis fuit, habens discretionem boni & mali: scientiam quoque rerum, quantum ad principium conditionis pertinuit perfectam. Nam sicut (quantum pertinent ad perfectionem staturae et aetatis humani corporis) primum hominem perfectum credimus factum: ita quoque (quantum ad animam) cognitionem veritatis et scientiam (eam dumtaxat quae primae perfectioni congrua fuit) perfectam mox conditum accepisse putamus, et ad illam non studio aut disciplina aliqua per intervalla temporis profecisse: sed simul et semel ab ipso sui conditionis exordio una ac simplici divinae aspirationis illuminatione illam percepisse. Triplici autem cognitione primum hominem eruditum constat, cognitione scilicet creatoris sui ut cognosceret a quo factus erat, et cognitione sui ut cognosceret quid factus erat et quid sibi faciendum erat. Deinde cognitione quoque illius quod secum factum erat: et quid sibi de illo et in illo faciendum erat."

Bonaventura

Für Bonaventura († 1274), den ‚zweiten Gründer des Franziskanerordens', ist Hugo von St. Victor die Autorität, auf die er sich in seinem Sentenzenkommentar[11] am ehesten bezieht. Bonaventura folgt Hugo in der Ansicht, dass Adam von Beginn an ein vollständiges Wissen von den irdischen Dingen gehabt habe;[12] dieses Wissen sei zwar auch von der sinnlichen Wahrnehmung erzeugt, aber es sei schneller und passender *(promptior et paratior)* entstanden als das empirische Wissen nach dem Sündenfall. Adam habe die Dinge sofort und ohne zeitlichen Verzug richtig beurteilt, so dass man bei ihm nicht von ‚lernen' reden könne. Allerdings habe er keine Kenntnis der Zukunft gehabt, er hätte sonst von seinem Sündenfall gewusst.

Im Bezug auf willentlich verursachte und wunderbare übernatürliche Ereignisse *(voluntaria et mirabilia, sive supernaturalia)* habe Adam hingegen eine schnelle Auffassungsgabe und Lernfähigkeit besessen. Zwar sei es selbstverständlich, dass er zur Erkenntnis der göttlichen Mysterien himmlische Erleuchtung nötig gehabt habe, aber andere Geheimnisse habe er selbständig entdeckt.[13]

Adam habe im Paradies ein natürliches Wissen von Gott gehabt. Bonaventura legt aber großen Wert darauf, dass dieses Wissen keine vollständige Schau Gottes gewesen sei. Vielmehr übernimmt er die paulinische Formel von der menschlichen

---

[11] *Commentaria in quatuor libros sententiarum Magistri Petri Lombardi, in secundum librum sententiarum.* Quaracchi 1885 (= Opera omnia. Bd. 2).

[12] *In 2 Sent.*, dist. 23, art. 2, qu. 2, resp.: „Ab exordio omnium rerum plenam notitiam".

[13] qu. 1, concl.: „Nec mirum, quia ad hoc, quod cognosceret divina mysteria, indiget superna illustratione, ad hoc vero, quod cognosceret secreta alterius, indigebat ipsius detectione."

Gotteserkenntnis in Spiegel und Gleichnis (1 Kor 13,12) und differenziert sie: Die Sicht Gottes im Spiegel konzediert Bonaventura Adam; nach dem Sündenfall sei diese Kenntnis zum Gleichnis verblasst. Im Stand der Unschuld habe Adam Gott nicht unmittelbar in seiner Substanz geschaut, wie das in der Seligkeit der Fall sei, sondern nur im Spiegel – aber nicht als Gleichnis.[14]

Thomas von Aquin

Thomas von Aquin konnte in der *Summa Theologiae* die Frage nach dem Wissen Adams zwar nicht umgehen, schließlich war der Topos des adamitischen Wissens kanonisch geworden. Aber er fertigte sie, rational, wie er stets argumentiert, sehr knapp ab. Seine Frage lautet: Ob der erste Mensch ein Wissen von allem hatte? Und seine Antwort ist konzis und rigide:

> Weil der erste Mensch nicht nur in seiner Leiblichkeit zur Zeugung weiterer Geschlechter perfekt geschaffen wurde, sondern auch nach seiner Seele, um andere Wesen zu lehren und über sie zu herrschen, war es nötig, dass er ein Wissen von allem hatte, was von Natur aus gewusst werden konnte, und vom Übernatürlichen so viel wie nötig. Mehr hat er nicht gewusst.[15]

---

[14] qu. 3, concl.: „Adam in statu innocentiae non cognovit Deum immediate et in sua substantia, sed per speculum, non autem in aenigmate."

[15] *Summa Theologiae* I, qu. 94, art. 3 („Utrum primus homo habuerit scientiam omnium"), concl.: „Cum primus homo non tantum secundum corpus ad aliorum generationem, sed et secundum animam ad aliorum instructionem et gubernationem, perfectus sit institutus, oportet eum habuisse notitiam omnium naturaliter scibilium, et supernaturalium tantam, quanta opus erat; alia vero ab his ignorasse."

Das ist eine sehr rationale und reduzierte Ansicht von der adamischen Weisheit. Thomas konzediert dem ersten Menschen nur die Kenntnis derjenigen Dinge, die natürlich erkennbar sind und der übernatürlichen lediglich, sofern sie von Nöten sind, nicht mehr. Das ist sozusagen das exegetische und spekulative Minimum der Lehre von der Sprache und Weisheit Adams.[16]

Benedictus Pererius

Benedictus Pererius (1535–1610) war seit 1553 Mitglied des Jesuitenordens und ab 1576 Professor am Collegium Romanum. Sein Genesiskommentar wurde außerordentlich geschätzt und war sehr verbreitet; für die jesuitische spätscholastische Exegese war er die entscheidende Autorität. Selbstverständlich setzt er sich mit der Frage nach dem Status der ersten Menschen vor dem Sündenfall auseinander; und hier wird auch der Topos von der adamitischen Weisheit breit behandelt.[17] Aber auch seine ausgedehnte Darstellung der Lingua Adamica geht im Prinzip nicht über den Rahmen hinaus, den Hugo von St. Victor und Petrus Lombardus bestimmt hatten; freilich füllt er ihn mit vielen Einzelerkenntnissen aus. Pererius stellt mit Nachdruck fest, dass Adams Wissen die gesamte natürliche Theologie umfasst und auch die Sternenkunde eingeschlossen habe, weil die irdischen Dinge von den himmlischen bestimmt würden. Aber das ist das Äußerste, was er dem adamitischen Wissen konzediert. Darüber hinaus expliziert er das adamiti-

---

[16] Vgl. auch *De veritate*, qu. 18, art. 4.

[17] *Commentatiorum et disputationum in Genesim tomi quatuor.* Köln: Antonius Hierat 1601. Bd. 1, l. 5, Titel: „De foelice primorum hominum statu ante peccatum, seu de statu innocentiae“, vor allem das Kapitel „De Prima Excellentia status innocentiae, hoc est de scientia Adami“. S. 239–252.

sche Wissen mit aristotelischer Begrifflichkeit dergestalt, dass er Adam die Kenntnis der Gattungen der Schöpfung zugesteht, die jeweiligen Individuen der Gattungen habe Adam selbstverständlich nicht gekannt.[18]

Im Bezug auf die christliche Dogmatik traut Pererius Adam im Status der Unschuld denn doch ein erhebliches Wissen übernatürlichen Ursprungs zu: Natürlich habe Adam gewusst, dass er von Gott geschaffen sei – und habe deshalb ein Wissen vom Schöpfergott gehabt und auch davon, dass alle Schöpfung auf Gott hin geordnet sei. Darüber hinaus habe er Kenntnis von der Trinität gehabt, er habe auch schon erkannt, dass der Sohn Gottes Fleisch annehmen werde, nicht weil er den Sündenfall schon vorhergesehen habe, sondern damit Christus als Haupt des Menschengeschlechts geehrt und gelobt werde.[19] Dieses Wissen Adams sei „sublimior" und „clarior" als unser Glaube gewesen.

Insgesamt schließt sich Pererius der Darstellung Bonaventuras an und zitiert dessen Sentenzenkommentar:

> Das Wissen des Menschen im Stand der Unschuld lag in der Mitte zwischen dem Status der Seligkeit und dem des Elends, wie auch der Ort des Paradieses in der Mitte zwischen diesem Tal des Elends und der himmlischen Heimat lag. Und wie das irdische Paradies der Erde ähnlicher war als dem Himmel, so hatte das Wissen Adams im Stand der Unschuld eine dem gegenwärtigen Wissen vergleichbarere Form als dem künftigen. Denn nur im Stand der Seligkeit wird Gott unmittelbar

[18] „Disputatio de amplitudine, et excellentia eius scientiae, quam habuit Adam", qu. 2: „Quanta fuerit Scientia Adami". S. 243 f.

[19] qu. 4: „De scientia rerum supernaturalium, quam habuit Adam", „ut caput esset humani generis ad ipsum honorandum et glorificandum". S. 246b. Auch Thomas (*Summ. Theol.* II-II, art. 7) und Bonventura (*In 2 Sent.*, dist. 23) gingen davon aus, dass Adam ein Wissen über die Inkarnation Christi gehabt habe.

und in seiner Substanz wahrgenommen, und nur dort gibt es keine Dunkelheiten mehr. Im Status der Unschuld und im Status der gefallenen Natur wird Gott im Spiegel geschaut, freilich mit dem Unterschied, dass im Stand der Unschuld Gott wie in einem klaren Spiegel geschaut wurde, denn die Seele war nicht durch die Sünde verdunkelt. Im Stand des Elends schauen wir ihn wegen der Sünde des ersten Menschen in einem dunklen Spiegel; jetzt wird er in Spiegel und Gleichnis wahrgenommen.[20]

iii. Reuchlin: Die Kabbala Adams

Logostheologie – Adam und Christus – Die Verheißung des Erlösers

Logostheologie

Zwar war der Topos der adamitischen Weisheit in der scholastischen Theologie eingeführt; aber er war kein wirklich zentrales Lehrstück. Erst Johannes Reuchlin (1455–1522) machte die Lingua Adamica zum Schlüsselkonzept der von ihm grund-

[20] „Cognitio hominis in statu innocentiae media erat inter cognitionem status gloriae et status miseriae: Sicut enim locus Paradisi medium erat inter hanc vallem miseriae et patriam caelestem. Et quemadmodum Paradisus terrestris similior erat terrae quam coelo, sic cognitio Adae in statu innocentiae conformior erat cognitionis status praesentis quam futurae. Unde in solo statu gloriae videbitur Deus immediate et in sua substantia, ita ut nulla sit ibi obscuritas, in statu vero innocentiae et naturae lapsae, videtur Deus mediante specula sea differenter. Nam in statu innocentiae videbatur Deus per speculum clarum: nulla enim animae erat peccati nebula: in statu vero miseriae videtur per speculum obscurum propter peccatum primi hominis, et ideo nunc videtur per speculum et enigmate." S. 247b. Pereira zitiert Bonaventura, *In 2 Sent.*, dist. 23.

gelegten christlichen Kabbala. Und hier wurde die Lehre von der adamitischen Weisheit zum zentralen Thema der christologischen Exegese des biblischen Buchs Genesis. Giovanni Pico della Mirandola (1463–1494) hatte 1487 in seinen umstrittenen Thesen zur Kabbala die provokante Formulierung verwendet, dass „keine Kunst uns von der Gottheit Christi sicherer überzeugen könne als die Kabbala".[21] Diese These legte Reuchlin in seiner Lehre von der christlichen Kabbala ausführlich aus.

Die Lehre von der Gottheit Christi ist Teil der Trinitätstheologie, der Inkarnation des Worts, von Jesu Tod und Auferstehung. Um dieses Konzept als kabbalistisch zu belegen, verwandte Reuchlin den Topos vom wundertätigen Wort, *verbum mirificum*. Er verknotete in seiner *Ars Cabalistica* Logostheologie, Sprachmagie und christologische Prophetie mit dem Ziel, die mit dem Sündenfall verlorene Adamitische Weisheit zu rekonstruieren.

Das wirkend wundertätige Wort ist das göttliche Wort, das die Welt aus nichts erschuf. Dieses wundertätige Wort vereinte zwei Elemente: Es umfasste zunächst die Essenz der Dinge, die schon vor der Schöpfung der Welt im göttlichen Geist als göttliche Sophia präkonzipiert worden waren. Es war zweitens die Kraft, diese Ideen der göttlichen Sophia extramental real werden zu lassen *(vehementia essendi)*. Die adamitische Sprache eröffnete die Einsicht in die göttliche Sophia, d. h. in das Wesen der Dinge, und Adams einsichtige Herrschaft über die Dinge war der Abglanz der göttlichen Macht, die Dinge durch sein Wort ins mentale und ins extramentale Dasein zu rufen.

---

[21] Pico della Mirandola, *Apologia*, in: Giovanni Pico della Mirandola, Gian Francesco Pico: Opera Omnia (1557–1573). Con una introduzione di Cesare Vasoli. ND Olms: Hildesheim 1969. Bd. 1, S. 166, von Reuchlin zitiert in seinem *Gutachten über das jüdische Schrifttum*. Hg. u. übers. von Antonie Leinz-v. Dessauer. (Pforzheimer Reuchlinschriften, Bd. 2.) Konstanz: Thorbecke 1965, S. 75.

Gottes primordiale Weisheit und die Macht seines Wortes waren im wundertätigen Wort vereint, an dem Adams Weisheit partizipierte und die ihm das Recht gab, Gottes Geschöpfen Namen zu geben.

Diese Theologie des Wortes entsprach sowohl Philons Genesis-Interpretation als auch dem Prolog des Johannesevangeliums. Dieser beginnt mit einem offensichtlichen Zitat von Gen 1,1 (בראשית ברא אלהים, *Bereshit bara Elohim*, „Im Anfang schuf Gott"): *En archē ēn ho logos*, „Im Anfang war das Wort". Für Christen war dieser Text erstens ein biblischer Beleg für die göttliche Trinität: Christus ist Gottes Wort, durch das Gott seiner selbst bewusst wird und sich erkennt. In diesem Prozess erkennen sich der Vater als Vater des Sohnes und der Sohn als Sohn des Vaters – beider gegenseitige Beziehung ist der Heilige Geist. So war die Theologie des Wortes mit dem trinitarischen Verständnis Gottes verschlungen. Die Kraft des Wortes wurde zweitens deutlich in der Schöpfung der Welt durch das Wort. „Durch ihn (Christus, das Wort) wurde alles geschaffen, und nichts, was geschaffen ward, ward ohne das Wort." An diesem Schöpfungswort hatte Adam teil, als er in Gottes Auftrag die Tiere benannte (Gen 2,19 f.). Das Schöpfungswort ist zugleich der innertrinitarische Logos, der Sohn Gottes, dadurch hat Adam an der Natur Gottes teil. Der Prolog des Johannesevangeliums verkündet noch eine dritte Bedeutung des göttlichen Logos, die Inkarnation. „Und das Wort ist Fleisch geworden und hat unter uns gewohnt, und wir haben seine Herrlichkeit gesehen, die Herrlichkeit des einzigen Sohnes vom Vater, voll der Gnade und Wahrheit" (Joh 1,14). Paulus hatte diese Deutung schon im Philipperbrief so zugespitzt, dass er den gesamten Prozess der Logostheologie auf den Namen Jesu konzentrierte: „Deshalb hat ihn Gott erhöht und ihm einen Namen verliehen, der größer ist als alle Namen, damit alle im Himmel, auf der Erde und unter der Erde ihre Knie beugen vor dem Namen Jesu und jeder Mund bekennt: ‚Jesus Christus ist der Herr' – zur Ehre Gottes des Vaters." (Phil 2,9–11)

Es war mithin für christliche Theologen erkennbar, wie das ‚Wort' in der göttlichen Trinität, dem Prozess der Konzeption und Realisierung der Schöpfung und mit der Fleischwerdung des Gottessohnes in unterschiedlicher Weise lebendig war; und Adam hatte an diesem Prozess Teil, als Gott ihn mit der Namengebung für die Tiere beauftragte.

Adam und Christus

Reuchlin treibt die Logostheologie nun in exegetisch radikale Konsequenzen. Er geht von der paulinischen Typologie von Christus und Adam aus – wie in Adam alle sterben, so werden in Christus alle leben (1 Kor 15,22) – und verbindet diese Typologie mit Gen 3,22, wo Gott sagt: „Siehe, Adam ist wie einer von uns." Dieser Vers belegt für ihn die typologische Verbindung von Christus und Adam. Für Reuchlin hat Adam deshalb eine kosmische und eine christologische Bedeutung; und Reuchlin zitiert die zugehörige Passage aus *Onkelos*, der aramäischen Paraphrase des Buchs Genesis: „Siehe, Adam war mein eingeborener Sohn, bzw., mein eingeborener Sohn aus mir selbst in Ewigkeit."[22] Reuchlins Deutung: Adam hatte vor seinem Sündenfall Anteil am inner-göttlichen Logos. Dieses Teilhabewissen des paradiesischen Menschen wurde offenbar in der adamitischen Sprache, mit der Adam, der *protoplastes*,

[22] Johannes Reuchlin: *De arte cabalistica libri tres. Die Kabbalistik*. Hg. von Widu-Wolfgang Ehlers u. Fritz Felgentreu. Hebräischer Text hg. von Reimund Leicht. Stuttgart-Bad Cannstatt: frommann-holzboog 2010 (= Sämtliche Werke II, 1): „Ecce, Adam fuit unigenitus meus' sive ‚unicus meus in aeternitate ex me ipso". S. 84. Ich übernehme die Übersetzung von Fritz Felgentreu.

die Tiere benannte. Es war „Sache einer offenbar einzigartigen Begabung und hoher Intelligenz, dass der Erstgeschaffene *(protoplastes)*, selbst bereits Herr der Welt, jedem Ding in freier Verfügung einen Namen gab.“[23]

Diese einzigartigen Fähigkeiten gingen mit Adams Sündenfall verloren. Nun bekam die Analogie zwischen dem christologisch-kosmischen Adam und dem irdischen Adam eine neue Bedeutung. Christus, der kosmische Adam, *sicut unus ex nobis*, der vom Vater den Engeln vorgezogen worden war, musste nun dem irdischen Adam von den Engeln als kommender Erlöser offenbart werden.

> Nach dem beklagenswerten Sturz der Menschheit also belehrte Gott seine Engel über die Wiederherstellung des Heils irgendwann in der Zukunft, nämlich durch wen sie geschehen werde, und zwar belehrte er sie nicht über alles, was er zu lehren, sondern nur über das, was die Engel ihrer Beschaffenheit nach zu fassen imstande waren. Dabei zeigte er schon in jenem Augenblick, wer der Erlöser des Menschengeschlechts sein werde. Damals nämlich war das Heil des Menschen klar vorherbestimmt worden; und deshalb sagte er: „Siehe, das ist jener Adam, der nicht nur nach eurer und der Welt Erschaffung essenziell existiert, sondern auch vor jeder Schöpfung in Ewigkeit einer von uns gewesen ist, bevor noch die Zeit entstand“.[24]

---

[23] „Caeterum et hoc ingenii erat videlicet singularis et acerrimi, ut cuique rei protoplastus ipse iam orbis dominus spontaneo positu nomen adderet, quo cognoscamus voluntatis id fuisse, non naturae.“ S. 78.

[24] „Post miserabilem itaque generis humani casum docuit angelos suos deus de restitutione aliquando futura salutis, per quem nam ventura esset, et quidem docuit non quantum ipse docere, sed quantum capere angelica conditio poterat, in praesentia demonstrans, quis esse humanum genus redempturus. Tunc enim praedestinata plane fuerat salus hominum, quapropter ‚Ecce‘, inquit, hic est ille

Die Verheißung des Erlösers

Das göttliche Erlösungsprojekt ist dem Menschen nach dem Sündenfall als Hoffnung durch eine neue Verheißung offenbart. Diese konzentriert sich in der Namen-Magie des verheißenen Erlösers. Dieser Name ist der Kern der adamitischen Sprache, es ist der göttliche Name, in dem alle Weisheit und Macht vereinigt ist, es ist das Ziel aller Bemühungen der christlichen Kabbala. Es ist die Teilhabe am Logos, der das Leben der göttlichen Trinität ausmacht, durch den die Welt geschaffen wurde und der menschliches Fleisch angenommen hat. Deshalb ist die messianische Christologie das dominante Thema von Reuchlins Kabbala; und er erzählt eine Schlüsselgeschichte, die seinen Zugang zum Kern der adamitischen Sprache erläutert, zum Namen Christi.

In Reuchlins Kabbala bedeutet das, dass der Name Gottes, das Tetragramm, christologisch vervollständigt wird durch ein Schin. Das Tetragramm יהוה wird dadurch zum Pentagramm יהשוה. Reuchlin berichtet von der kabbalistischen Offenbarung durch den Engel Raziel,[25] die geheimnisvoll den Erlöser prophezeit. Es handelt sich um die Schlüsselgeschichte der messianischen christlichen Kabbala:

> Also wurde der Engel Rasiel zu Adam gesandt, der von Jammer erfüllt zusammengebrochen war, um ihn zu trösten. Er sprach so zu ihm: „Quäle dich nicht über die Maßen mit Klagelaut und Trübsinnigkeit, weil durch dein Vorgehen

Adam qui non tantum post orbis et uestri ortum essentialiter est, sed etiam ante omnem creationem in aethernitate fuit unus ex nobis antequam tempus fieret." S. 84.

[25] Zum Zusammenhang vgl. Schmidt-Biggemann, *Geschichte der christlichen Kabbala*. Bd. 1 [wie Anm. 2.3], S. 171–178.

> das Menschengeschlecht in tiefstes Verderben gestürzt ist, denn diese erste Sünde wird entsühnt werden. Aus deiner Abkunft wird ein gerechter und Frieden bringender Mann geboren werden, ein Held, dessen Name in Erbarmen auch die vier Buchstaben JHWH enthalten wird; und er wird durch rechten Glauben und friedvolle Darbringung seine Hand ausstrecken und vom Baum des Lebens nehmen, und die Frucht dieses Baumes wird aller Hoffenden Heil sein."[26]

Das also ist die Verheißung der messianischen Hoffnung, die für die Christen bereits durch das Holz des Kreuzes erfüllt, für die Juden aber noch offen ist.

Die folgende Passage ist ein Musterstück von Reuchlins spekulativer kabbalistischer Philologie. Sie ist etwas kompliziert, aber sie macht klar, dass Kabbala wesentlich Philologie ist: Gen 4,26 berichtet, dass Adams Familie den Namen Gottes *(ha-schem)* mit dem Tetragramm zu bezeichnen begann, als Adams Enkel Enosch geboren wurde. ‚Gott' ist hier zuerst als Tetragramm geschrieben. Die beiden Schlüsselwörter sind also *ha-Schem*, ‚der Name', und das Tetragramm. Reuchlin erläutert nun die besondere Bedeutung des Wortes *schem* שם, ‚Name', das aus den Buchstaben Schin und Mem zusammengesetzt ist. Er kombiniert dazu die beiden kabbalistischen Interpretationsmethoden Notaricon und Gematria: Die Buchstaben Schin und

---

[26] Reuchlin, *De arte cabalistica* [wie Anm. 22]: „Missus est igitur angelus Raziel ad Adam collapsum et moerore plenum, ut consolaretur eum, cui sic dixit: ‚Ne supra modum conficias gemitu et molestia quod te duce genus humanum in summa corruit perditionem, quoniam originale peccatum hoc expiabitur. Nam ex tua propagatione nascetur homo iustus et pacificus, vir heros, cui nomen continebit in miserationibus etiam quas quatuor litteras I. H. U. H. et ille per rectam fidem et placidam oblationem mittet manum suam, et sumet de ligno vitae, et ejus ligni fructus erit omnium sperantium salus." S. 86.

Mem von שם werden erstens akronymisch als Anfangsbuchstaben der Worte *shin*, ‚der Buchstabe Shin', und *mitokh*, ‚in der Mitte' genommen. Dann kann der hebräische Text von Gen 4,26 (שם יהוה) verstanden werden als ‚Schin in der Mitte des Namens [Gottes]'.

Zweitens hat das Schin den Zahlenwert 300. Den gleichen Zahlenwert hat *be-rachamim*, ‚in Erbarmen'.[27] Das Geheimnis der Botschaft des Engels Raziel an Adam lautete: ‚Ein Held, dessen Name in Erbarmen auch die vier Buchstaben JHWH enthalten wird'. Dieser Text wird nun gedeutet als ‚Ein Held, dessen Name IN ERBARMEN in der Mitte der vier Buchstaben IHWH steht'. Wenn also das Schin in die Mitte des Tetragramms gesetzt wird, hat man das Geheimnis der Botschaft entschlüsselt. Mit dem Schin in der Mitte kann der Name Gottes יהשוה als *Jehoschua*, ‚Jesus', ausgesprochen werden. Das Schin macht also das unaussprechbare Tetragramm aussprechbar. Als Symbol Jesu Christi offenbart das Schin im Tetragramm Gottes Gnade und Erbarmen, denn durch das Schin ist Gottes Name aussprechbar geworden. Der Sensus anagogicus, der erbauliche Sinn dieser Interpretation lautet: Jesus ist der Weg zum sonst unbenennbaren Vater: „Niemand kommt zum Vater als durch mich" (Joh 14,6).

Gottes Macht und Weisheit sind in seinem Namen vereint, und das von Reuchlin invenierte Pentagramm JHSWH יהשוה ist der Kern und das Zentrum der Magie der adamitischen Sprache; es ist der Name vor dem alle im Himmel, auf der Erde und unter der Erde ihre Knie beugen (Phil 2,9–11). Reuchlin war überzeugt, dass er in dieser kabbalistischen Spe-

---

[27] Bet ב entspricht 2, Resch ר entspricht 200, Chet ח entspricht 8, Mem מ entspricht 40, Jod י entspricht 10. 2 + 200 + 8 + 40 + 10 + 40 = 300.

kulation den theologischen Schlüssel für alle universale Weisheit und Magie gefunden hatte.

II. Der Prozess der Diskreditierung der Lingua Adamica

Wie Theorien ihre Glaubwürdigkeit verlieren

Diskreditieren ist häufig ein leiser, aber sehr effektiver Prozess, ein Vorgang, der an die Verleumdung erinnert, wie sie in Rossinis Barbier von Sevilla besungen wird: ‚Die Verleumdung, sie ist ein Lüftchen …' *(La calunnia è un venticello …)* Das Phänomen des Kreditverlusts zeigt sich auch – und besonders nachhaltig – bei Theorien, zumal bei spekulativen Theorien. Es ist ein verwunderlicher Vorgang in der Geschichte der Philosophie, aber auch der Philologie und in den Geisteswissenschaften überhaupt, dass Theorien ihren Kredit verlieren, obwohl man nicht sagen kann, dass ihre Argumente widerlegt worden seien oder sich als falsch erwiesen hätten. Aber sie sehen zusehends alt aus, scheinen nicht länger *up to date* zu sein, werden langweilig und gelten schließlich als absurd – keiner will noch etwas von ihnen wissen. Dieses Schicksal widerfuhr auch der Theorie von der Lingua Adamica; und der Prozess der Diskreditierung ist verhältnismäßig lang. Einige Stationen dieses Desillusionierungsweges möchte ich im Folgenden skizzieren.

i. Die exegetische Liquidierung der Lingua Adamica (Nachmanides, Isaak Abravanel)

In der jüdischen Tradition war Philon mit gutem Grund keine Autorität. Seine Texte waren in Griechisch verfasst und seine Theologie des Logos war der christlichen trinitarischen Theologie und der Christologie sehr ähnlich; das war selbstverständlich für die jüdischen orthodoxen Gelehrten inakzeptabel. Auch wenn die jüdische Schöpfungstheologie die Rolle des Wortes betonte, durch das die Welt geschaffen worden war, folgten die Rabbinen doch nicht der griechischen Logostheologie. Die platonisierende Interpretation der Adamitischen Sprache, die Philon, der griechische Jude, ihnen anbot, lag zu nahe an trinitarischen und christologischen Gedankengängen. Folglich wurde die Idee der Adamitischen Sprache eher zu einer christlichen als zu einer jüdischen Lehre. Es ist deshalb nicht erstaunlich, dass die späteren jüdischen Interpreten die Passage Gen 2,19 anders behandelten als Philon und die ihm folgende christliche Tradition; und das Buch Jesus Sirach, das die Lehre von der Weisheit Adams explizierte, gehörte nicht zur hebräischen Bibel.

Nachmanides

Es war wohl Nachmanides (Rabbi Moshe ben Nachman, genannt ‚Ramban‘, gest. 1270), der, offensichtlich in Kenntnis der christlichen scholastischen Traditionen, zuerst die Frage diskutierte, ob denn Adams Namengebung für die Tiere überhaupt etwas mit dem Schöpfungswort Gottes zu tun hatte und ob die daraus gezogenen Spekulationen über die adamitische Sprache nicht gegenstandslos seien. In seinem Kommentar zu Gen 2,19 f., wo Adam allen Tieren Namen gibt, ‚aber eine Hilfe, die dem Menschen entsprach, fand er nicht‘, schreibt er:

> It is possible that the phrase be explained in connection with the matter of ‚the help' that God gave to Adam, and the meaning is the *ha'adam nefesh chayah* (man is a living soul), as is said, And man became a living soul [Gen 2:7], and it is as I have explained it there: ‚And He brought before him all species so that every one of them unto which Adam would give a name and say it is a living soul like himself, that would remain its name and be a help to him. So Adam gave names to all, but as for himself he found no help which he would be able to call ‚a living soul' like his own name.'[28]

Die Interpretation ist deutlich: *Nefesch* (Seele) und *Schem* (Name) sind miteinander untrennbar verbunden, denn der Name ist die Bezeichnung der Seele. Die Bedeutung der biblischen Passage ist also: Adam fand bei seiner Benennung der Tiere kein Lebewesen, das eine Seele wie die seine hatte. Weil Adam keine Hilfe und keine Gefährtin hatte, die von seiner Seelenart war, musste Eva aus seiner Substanz neu geschaffen werden. Die Geschichte geht deshalb folgerichtig mit Evas Schöpfung aus Adams Rippe weiter. Sie bekommt ihren Sinn, ohne dass die Lingua Adamica mit ihren platonisch-schöpfungstheologischen Implikationen überhaupt genannt werden müsste. Anders als Philons platonisierende und erst recht anders als Reuchlins kabbalistische Interpretationen von Gen 2,19 f., ist Nachmanides' Deutung knapp und konzise. Sie will nichts als den einfachen Literalsinn der Bibelstelle erläutern und diskre-

[28] *Nachmanides. Commentary on the Thorah Genesis.* Transl. and annot. with index by Rabbi Dr. Charles B. Chavel. New York: Shilo Publishing House 1971, S. 77.

ditiert, ja liquidiert in ihrer Klarheit die frommen Allegoresen der Lingua Adamica.

Issak Abravanel

An die Deutung, die Nachmanides lehrte, knüpfte etwa 250 später Isaak Abravanel (gest. 1508) in seinem Kommentar zum Buch Genesis an, der 1505 entstand. Das ist genau dieselbe Zeit, in der Reuchlin seine Ideen über die adamitische Sprache und das wundertätige Wort entwickelte. Abravanel schreibt zu Gen 2,19 f.:

> Comme il est dit ensuite: ‚Et l'homme ne trouva point d'aide qui lui corresponde'. Il n'a pas trouvé parmi les animaux, en face et devant lui, une femelle capable de lui être une aide qui le serve alors que tel était le but de ce rassemblement. En effet, D. n'a pas volu lui donner une femme avant qu'il en ressente la nécessité, qu'il la recherché, et qu'il ne trouve pas de femelle qui lui convienne parmi toutes les espèces animales. C'est alors qu'il la lui a faite, de sa chair et de sa substance.[29]

Hier wurde für philologisch-prosaische und solche hermeneutischen Gemüter, die an Logostheologie nicht übermäßig interessiert waren, deutlich, dass die Idee der Adamitischen Spra-

[29] Isaak Abravanel: *Commentaire du rècit de la creation (Genèse 1:1 a 6:8)*. Trad. de l'hébreu par Yéhouda Schiffers. Paris: Verdier 1999, S. 350 f. „Es heißt im Folgenden: ‚Und der Mann fand keine Hilfe, die ihm entsprach'. Er fand unter den Tieren, die er vor sich sah, kein Weibchen, das ihm eine Hilfe und zu Diensten hätte sein können; das war das Ziel dieser Vorführung. G[ott] wollte Adam keine Frau geben, ehe er nicht die Notwendigkeit dazu erkannt hätte. Bei dieser Suche hat er unter allen Tieren kein Weibchen gefunden, das zu ihm gepasst hätte. Deshalb hat er eines gemacht aus Adams Fleisch und Substanz."

che vor allem eine christliche Spekulation und eine fromme Phantasie war.

ii. Die Sprache Adams, philologisch demontiert und philosophisch expliziert (Mersenne)

Marin Mersenne (1588–1648), französischer Franziskaner, Astronom, Philologe, Mathematiker und einer der besten und fleißigsten Netzwerker des 17. Jahrhunderts, Freund von Pierre Gassendi und René Descartes, war ein entschiedener Gegner der Kabbala. In seinem riesigen Kommentar zum Buch Genesis, *Quaestiones celeberrimae in Genesim*, der 1623 in Paris gedruckt wurde, setzte er sich in einem eigenen Kapitel mit der Theorie der Lingua Adamica auseinander: „De Scientia Adami et intellectus ornamentis."[30]

Mersennes Kommentar ist merkwürdig doppeldeutig: Einerseits kennt und zitiert er den trockenen Kommentar des Nachmanides, der die Lingua Adamica als sinnvolle Exegese von Gen 2,19 f. eliminiert hatte, andererseits versucht er gleichwohl, eine philosophisch-erkenntnistheoretische Erklärung der Lingua Adamica mit Hilfe scholastisch-aristotelischer Kategorien zu bieten.

Mersenne ist vorsichtig; er zieht nicht offen dieselben exegetischen Konsequenzen wie Ramban, aber er zitiert ihn als den besten Kommentar: Adam konnte kein Tier finden, dem er den Namen hätte geben können, der dem seinem, nämlich *Isch*, Mensch, entsprach, ehe er nicht die Frau sah, die er *Ischa*, ‚Männin', nannte, weil sie ihm offensichtlich zugehörte.[31] Er

---

[30] Marin Mersenne: *Quaestiones celeberrimae in Genesim*. Paris: Cramoisy 1623, col. 1201–1221.

[31] „Ramban ait nullum animal reperisse Adamum, cui nomen ex proprio suo

nennt diese Deutung plausibel – aber das hindert ihn nicht daran, ausführlich zu explizieren, wie man diese Spekulation mit den Mitteln der aristotelischen Erkenntnistheorie rekonstruieren könne.

Gottes Weisheit bei den Menschen – Philosophische Erkenntnistheorie der Lingua Adamica: Species infusa

Gottes Weisheit bei den Menschen

In seinem Kommentar befasst sich Mersenne mit der philosophischen Frage, ob die Namen der Dinge äußere Bezeichnungen *(impositiones)* sind oder ob sie ihnen von Natur aus zukommen. Offensichtlich glaubt er trotz seiner Kenntnis von Nachmanides, dass Gott dem Adam Einsicht in das Wesen der Dinge gewährt habe und dass die Idee der Adamischen Sprache ein ernstzunehmendes Konzept sei. Er schließt dabei an das biblische Buch Jesus Sirach und die scholastische Diskussion um die Weisheit Adams und zumal an Benedictus Percirius an; und bemerkenswerterweise behauptet der empirische Rationalist Mersenne: „Es ist ungefährlich, wenn wir Adam die Kenntnis aller körperlichen und elementaren Dinge, ebenso wie die Kenntnis der Sterne und aller Wissenschaften zutrauen.“[32] Dabei zitiert er Jesus Sirach 17,2.4.7: „Gezählte Tage und eine bestimmte Zeit wies Gott den Menschen zu und gab ihnen Macht über alles auf der Erde“ (Vers 2). „Auf alle Wesen

---

nomine איש isch deductum imponere posset, donec foeminam videret, cui אשה ischa nomen inderet, quia solum sibi convenire perspexit.“ col. 1201.

[32] „nullum esse periculum si rerum omnium corporearum, atque elementorum, quam syderum cognitionem, atque scientiarum Adamo tribuamus.“ col. 1211.

legte er die Furcht vor ihnen [scil. den Menschen], über alle Tiere und Vögel sollten sie herrschen." (4), „Mit kluger Einsicht erfüllte er sie und lehrte sie" (7).[33] Es scheint für ihn durch diese biblischen Belege evident, dass man daraus schließen muss, dass die Ureltern „omni decore, virtute atque scientia ornatos fuisse".

Mersenne führt nun einige Einwände gegen diese Meinung an; es ist freilich nicht ganz deutlich, ob er das in kritischer oder in der Absicht tut, die zitierte biblische Feststellung zu stützen. Auf der einen Seite argumentiert er, dass Adam nur die Kenntnisse gehabt habe, die ausreichten, um die göttlichen Vorschriften zu verstehen und Gott zu verehren. Er habe keine Kenntnis aller Einzelheiten gehabt, sondern eine Form von Weisheit, die aus einem „optimum ingenium et maximum aetatem" erwuchs.[34] Mersenne bezieht sich hier auf Jesus Sirach 17,13, wo es von den Ureltern heißt: „Ihre Augen sahen seine machtvolle Herrschaft, ihr Ohr vernahm seine gewaltige Stimme, und er gab ihnen ein Herz zum Verständnis". Das waren praktische Vermögen, die sich auf die *voluptas animi* bezogen. Es handelte sich mithin nicht um ein theoretisches Wissen wie in der Mathematik oder den Freien Künsten. Mersenne scheint trotzdem davon überzeugt, dass Adam Fragen der Astronomie und der Grammatik kompetent behandeln konnte. Gott habe ihn schließlich die hebräische wesentliche Ursprache gelehrt, die er Eva und seinen Nachkommen weitergab. Aber er geht noch weiter. Wenn es um Adams enzyklopädische Kenntnisse geht, vergisst Mersenne seine erkenntnisskeptische Attitude. Er ist sich

---

[33] „Numerum dierum et tempus dedit illi (viz. Adam). Et dedit illi potestatem eorum quae sunt super terram. Et deinde: & disciplina scientiae replevit illos (viz. Adam und Eva). Creavit illos scientiam spiritus, sensu implevit cor illorum, & mala & bona ostendit illis." col. 1211.

[34] col. 1211.

sicher, dass Adam vor seinem Fall die Probleme der Metaphysik beherrschte, das Wissen der Engel teilte, und alle Geheimnisse der Weisen des Orients kannte. „Indorum Gymnosophistae, Sacerdotes Aegyptorum, Prophetarum Cabalistae, Chaldaei Babyloniorum" … Adamus omnibus Philosophis hic enumeratis doctior"."[35] Und zusätzlich habe er über eine perfekte Kenntnis der natürlichen Magie verfügt.

Es ist schwer zu entscheiden, wie Mersenne dieses enzyklopädische Wissen Adams eingeschätzt hat; es handelt sich jedenfalls um dieselben magischen Wissenschaften, deren Dignität er in seiner ätzenden Kritik an Robert Fludd, der sich gleichfalls auf das Buch Genesis bezog, entschieden zurückgewiesen hatte.[36]

Philosophische Erkenntnistheorie der Lingua Adamica: Species infusa

Wie immer es mit Adams enzyklopädischen Kenntnissen auch stehen mag, Mersenne kommt es zunächst auf eine philosophische Erklärung der Adamitischen Sprache an. Seine Frage lautet: Welche Art von Wissen kann Adam gehabt haben? Wie ist eine eingegebene *(infusa)* empirische Kenntnis möglich?[37] Seine Analyse ist die einzige mir bekannte wissenschaftstheoretische Auseinandersetzung zwischen der scholastisch-aristotelischen

---

[35] col. 1211.

[36] Siehe Schmidt-Biggemann, *Geschichte der Christlichen Kabbala*. Bd. 2 [wie Anm. 2.13], Kap. 3 („Mersenne als Kritiker der Kabbala"), S. 147–186.

[37] Mersenne, *Quaestiones in Genesim* [wie Anm. 31]: „Itaque primò videndum est, an quis aliquo habitu scientiae infuso peraeque uti valeat, ac si illum proprio labore comparasset; 2 quomodo novit Adamus scientias praedictas sibi divinitus concessas fuisse". col. 1215

Erkenntnistheorie und der Idee einer ursprünglichen Einsicht in göttlich präformierte Schöpfungsmuster.

Mersenne geht dieses Problem systematisch an; seine erste Frage lautet: Ist es überhaupt möglich, Einzeldinge zu erkennen, ohne vorher einen Habitus entwickelt zu haben, der die Erfahrungen verwaltet, die von der sinnlichen Wahrnehmung außermentaler Dinge stammen? Die Kenntnis außermentaler Dinge ist immer eine Erkenntnis der Gattungen von Dingen: wir erkennen etwa eine Eiche als Eiche nicht als bloßes Individuum, sondern als Individuum einer Species, und die Erkenntnis einer Species ist notwendig abstrakt, weil sie immer auf *verschiedene* Individuen *derselben* Species zutrifft. Sie ist aus der Wahrnehmung von außermentalen Dingen abstrahiert, deren Formen als Phantasmata in der Seele präsent sind; diese Phantasmata werden als ähnlich erkannt, und es wird ihnen im folgenden Schritt *ein* Name gegeben. So werden die Phantasmata zu einer Erkenntnisform, einer Species vereinigt, und nur mit dieser Kombination von Species und Name, die den empirischen Begriff ausmacht, ist eine sprachliche und semantische Kommunikation möglich. Das ist aristotelische Erkenntnis- und Urteilstheorie: Eine Species benennen bedeutet, ein Individuum als Species zu klassifizieren.

Für die Lingua Adamica ergibt sich nun folgendes Problem: Wie kann eine innermentale Species zu einem extramentalen Objekt passen, ohne dass man vorher die entsprechende Erfahrung gemacht hat, die dann durch Benennung zum Wissen geworden ist? Es ist überhaupt nicht klar, wie eine eingegebene Erkenntnis einer Species denkbar ist, die der Wahrnehmung eines individuellen Gegenstandes vorangeht. Um eine empirische Kenntnis zu bekommen, muss man immer die Phantasmata extramentaler individueller Gegenstände und die davon abstrahierte mentale Species miteinander vergleichen. Und genau das war nicht der Fall, als Adam die Tiere benannte – er hatte keine Vergleichsobjekte, die ihm ermöglicht hätten, eine Species zu identifizieren und damit einen Gattungsnamen geben zu können.

Mersenne löst diese Schwierigkeit folgendermaßen: Er stellt sich die Konzeption der Lingua Adamica so vor, dass Gott Adam die Species der jeweiligen Tiere als *verbum mentis* in dem Moment eingegeben habe, in dem er ihm die tierischen Individuen physisch vorführte. Dann entspricht die eingegebene Species genau dem Phantasma in Adams Seele,[38] und diese Species wird nun in einem dritten Schritt mit einem Namen versehen. Freilich setzt dieser Akt der Benennung Sprache voraus, und auch die muss dem Menschen zugleich von Gott mitgeteilt werden.[39]

Gott hat Adam in dieser Weise das *verbum mentis mediante specie intelligibili* eingegeben. Wegen dieses göttlichen Akts der von Gott eingegebenen Species und ihrer Identifizierung als *verbum mentis* hatte Adam Anteil am göttlichen Wissen. Dieses Wissen war, weil es von Gott unmittelbar eingegeben war, wesentlicher als die äußere empirisch-abstrakte Erkenntnis der Dinge. Das göttliche *verbum mentis* entsprach dem göttlichen Schöpfungswort, das die *proprietates rerum*, mithin die Substanz der Dinge ausmachte; und es wurde im göttlichen Schöpfungsakt ausgesprochen – offensichtlich nach Mersennes Vorstellung im göttlichen Urhebräisch. Allerdings ging diese Kenntnis der urhebräischen wesentlichen Sprache, mit der

[38] „Existimo autem Deum tantam rerum omnium cognitionem Adamo concedisse, ut statim atque occulos aperiret, viderit hanc & illam plantam, astra & quaecumque subjecerit occulis, perfecte correspondere illi cognitioni, quam habeat à Deo." col. 1216 f.

[39] Diese Frage wird diskutiert in qu. 6: „Quomodo potuit Adamus de rebus, quas agnoscebat, edissere, cùm loqui nusquam didicisset?"

Gott die Welt konzipiert und geschaffen hatte, mit dem Sündenfall verloren.

Es ist eine merkwürdige Doppelheit in Mersennes Argumentation – einerseits glaubt er anscheinend nicht an die Existenz der Lingua Adamica, mindestens ist er von Philons Exegese der entsprechenden Genesis-Stelle nicht überzeugt. Andererseits versucht er doch, die philosophische Möglichkeit einer solchen Sprache zu konstruieren – es mag sein, dass er an die theoretische Möglichkeit der Lingua Adamica geglaubt hat, deren exegetische Grundlage er zugleich bezweifelte.

iii. Nöte des Offenbarungspositivismus und Rettungsversuche der Lingua Adamica (Bochard)

Mersenne war auch ein hervorragender Philologe, aber er war vor allem Philosoph. Sein calvinistischer Landsmann und Zeitgenosse Samuel Bochard (1599–1667) hingegen war reiner Philologe; für philosophische Fragen hatte er kein Gespür. Er war als Philologe zugleich biblischer Realienkundler, sein *Hierozoicon* war eine Enzyklopädie aller bekannten Tiere, die mit den in der Bibel benannten verglichen wurden.[40] Das *Hierozoicon* war *das* Referenzwerk für die biblische Fauna des 17. und 18. Jahrhunderts. Bochard war ein calvinistischer Musterphilologe, trocken und positivistisch, ebenso wie der Sinn für Philosophie ging ihm auch noch der Schatten pietistischer Frömmigkeit ab. Alle Allegorese war ihm fremd. Aber die historisch faktische Wahrheit der Bibel stand für ihn fest. Er sah sich deshalb verpflichtet, das Thema der adamischen Sprache zu behandeln; und er tat das unter drei Fragestellungen: Um was

---

[40] Samuel Bochard: *Hierozoicon sive bipartitum opus de Animalibus S. Scripturae.* Ed. quart. Leiden and Utrecht: Guillielmus van de Water 1712.

für Tierarten handelte es sich bei der biblischen Erzählung? Führte Gott dem Adam auch Gattungs-Mischwesen wie Maultiere oder Amphibien vor? Und wie stand es mit den Fischen und den Meerestieren, die im biblischen Bericht über die adamitische Sprache überhaupt nicht erwähnt werden? Die zweite Frage war historisch-philologisch: Wie kann man sich die Szenerie genau vorstellen, in der Gott Adam die Tiere vorführte? Für Bochard ist es ein Wunder, dass die Menge der Tiere friedlich vor Adam paradierte, und er kann sich den friedlichen Einzug der Tiere in Noahs Arche ebensowenig vorstellen. Schließlich war ihm drittens problematisch, wie es möglich wäre, dass sich so viele Tiere an einer Stelle versammeln konnten, als Adam sie benannte? War das mit Hilfe der Engel oder eher *arcano Dei impulsu*[41] möglich?

Bochard lässt diese Fragen offen und zieht sich auf exegetischen Gehorsam zurück. Ist es nötig, fragt er, dass wir die Mittel Gottes kennen, der doch die absolute Herrschaft über alle Geschöpfe hat und der deshalb in seiner Allmacht tun kann, was er beschlossen hat?[42] Diejenigen, die sich mit solch überflüssigen Fragen befassten, sollten sich daran erinnern, dass auch keiner wisse, warum Störche und Kraniche im Herbst nach Ägypten flögen und im Frühjahr nach Europa zurückkehrten.

Angesichts der Probleme seines exegetischen Realismus resigniert Bochard; es bleibt ihm allein die Deutung der Lingua Adamica als beherrschende Namengebung übrig. Damit konnte er aber wenigstens seine zweite Frage beantworten, wie denn angesichts ihrer Wildheit überhaupt eine Versammlung aller

---

[41] Bd. 1, I ix, col. 56.

[42] „Sufficit enim ut sciamus, Deo, qui absolutum habet in creaturas dominium, non deesse rationes, quibus eas pro arbitrio suo impellat quaecunque decrevit et destinavit.“ col. 56.

Tiere möglich sei. Vor dem Sündenfall, stellt sich Bochard vor, hätten die Tiere Adam und Eva gehorcht. „Adam gab ihnen allen Namen, um sie zu beherrschen, wie die Herren es mit den Sklaven zu tun pflegen."[43] Erst nach der Vertreibung des ersten Menschenpaars aus dem Paradies sei die tierische Wildheit ausgebrochen. Das ist die Theorie, die der Deutung der Adamitischen Weisheit im Buch Jesus Sirach entspricht. Aber auch nach dem Sündenfall, fügt Bochard hinzu, gebe es noch Spuren des alten paradiesischen Gehorsams bei Hunden und Pferden.

Als Realienphilologe ist Bochard natürlich an den hebräischen Namen interessiert, die Adam den Tieren gegeben habe. Er meint, dass diese Namen seit Adams Zeiten den späteren Generationen überliefert worden seien. Und diese These eröffnet ihm die Legitimation dafür, nun in langen Listen eine große Anzahl von Tiernamen aufzuführen, die, wie er meint, auf ihren hebräischen Ursprung zurückverfolgt werden können. Inwieweit diese Tiernamen nun noch Teil der adamitischen Weisheit waren und ob sie die magische Macht über und die Einsicht in das Wesen der Tiere mindestens in Restbeständen böten, ist dem Lexikographen Bochard keine Erwägung mehr wert.

---

[43] „Itaque in servitutis notam Adam illis omnibus nomina imposuit, nempe ut domini servis solent". col. 57.

iv. Das exegetische Aus der Lingua Adamica (Fabricius, von der Hardt)

Johann Albert Fabricius

Johann Albert Fabricius (1668–1736) war der bedeutendste Lexikograph des 18. Jahrhunderts.[44] Seine *Bibliotheca Graeca*, die *Bibliotheca Latina* und die *Bibliotheca Mediae et Infimae Latinitatis* waren die wichtigsten Referenzlexika des 18. und 19. Jahrhunderts in der griechischen und lateinischen Philologie, bis sie von der *Realenzyklopädie für klassische Philologie und Altertum*, dem ‚Pauly-Wissowa', abgelöst wurden. Fabricius' Philologie umfasste auch die Theologie, hier edierte er die Pseudepigraphen des Alten und des Neuen Testaments. In seiner Sammlung der Pseudepigraphen des Alten Testaments behandelt er natürlich auch die Lingua Adamica, und er diskutiert unter dem Lemma ‚Adam' drei Probleme: Adam als Erfinder der Schrift, sein Kommentar zu den Tiernamen und seine Belehrung durch die Engel.[45]

Ebenso wie Bochard war Fabricius ein trockener Philologe. In den meisten Fällen zitiert er nur anderleuts Meinungen. Allerdings hat er bei der Behandlung des ersten adamitischen Problems, der Entstehung der Schrift und insbesondere der Offenbarung der hebräischen Buchstaben – das war ein Schlüsseltopos der hebräischen Kabbala – ein klares, zugleich von Ironie triefendes Urteil. Er zitiert den calvinistischen Polyhistor Johann Heinrich Alsted und den kaiserlichen Bibliothekar

[44] Die beste Monographie zu Fabricius ist in Dänisch verfasst und stammt von Erik Petersen: Johann Albert Fabricius. *En Humanist in Europa*. Kopenhagen: Museum Tusculanum Forlag 1988.

[45] Johann Albert Fabricius: *Codex pseudepigraphicus Veteris Testamenti*.Hamburg and Leipzig: Liebenzeit 1713. S. 1–5.

Peter Lambeck, die davon überzeugt waren, dass Adam vom Engel Raziel die hebräische Schrift inklusive der Punktierung offenbart wurde und er sie seinen Nachkommen überliefert habe.[46] Als Philologe, der auf der Höhe seiner Zeit ist, weiß er natürlich, dass die Punktierung eine späte rabbinische Präzisierung der hebräischen Schrift ist. Er macht sich folglich über die *nugae*, die wolkige Philologie der kenntnislosen Kollegen, lustig. Zwar schreibt er, er wolle, um Zeit und Geld zu sparen, sich mit diesen Phantasien nicht weiter beschäftigen, aber Bibliograph der er ist, zitiert er doch zahlreiche Schriften zum Thema.

Hermann von der Hardt

Bei der Behandlung des zweiten Problems, Adams Benennung der Tiere, nennt er viele Autoren, die die Theorie der Lingua Adamica gestützt hätten: Dénis Pétau in seinen *Dogmata theologiae*,[47] Johann Heinrich Heidegger in der *Historia Patriarcharum*[48] und Samuel Bochard. Aber seine wichtigste Quelle ist der Helmstedter Polyhistor Hermann von der Hardt (1660–1746), der die Theorie der Lingua Adamica bezweifelte. In einem Brief an Martin Nolte, der 1705 in Helmstedt gedruckt wurde, stellt von der Hardt fest, dass er die Ansicht Abravanels teile, Moses habe in der fraglichen Stelle Gen 2,19

[46] „Litteras Hebraicas una cum punctis vocalibus ab Adamo repertas & Setho traditas non dubitant Henricus Alstedius in Chronologia p. 253 & Petrus Lambecius quem vide sis in Prodromo Hist. literariae p. 5. Alii diversa longe & mirifica plane Alphabeta tribuunt Adamo, quae vel ab ipso excogitata, vel ab Angelo Raziele illi tradita nugantur, quae hic describi aere curassem, nisi in ridiculis commentis ac per tot alios jam explosis voluissem opera et sumptui parcere." S. 1.

[47] 5 Bde (unvollendet), 1644–1650 u. ö.

[48] Johann Heinrich Heidegger: *Historia sacra Patriarcharum.* Exercitationes selectae. Ed. sec. Amsterdam: Abraham à Someren 1688.

gar nichts über die Tiernamen sagen, sondern nur ausdrücken wollen, dass Adam unter den Tieren kein Wesen gefunden habe, das seine Frau hätte werden können.[49] Die Geschichte hätte aber, wie Abravanel erläutere, einen allegorischen Sinn, dass manche Heiden schändlichen Missbrauch mit Tieren trieben und dass Juden besser nur mit lebendigen Seelen Umgang haben sollten. In dem Brief an Nolte erläutert von der Hardt seine Ansicht: Adam, sagt Moses, sah sich die Tiere, welche Namen sie auch hatten, sorgfältig an, weil er selbst im Auftrag Gottes beurteilen sollte, ob eines darunter sei, das seine Gefährtin sein könne, die ihn ernährte und mit der er eine Familie gründen könnte.[50] Aber er fand keine. Das war der Grund, weshalb Gott Eva aus Adams Rippe schuf: ‚Fleisch von meinem Fleisch und Bein von meinem Bein', eine Gefährtin und Helferin; die ‚Männin' für den Mann.

Johann Albert Fabricius zitiert zwar die Exegese Hermanns von der Hardt, aber er kann sich nicht zur Zustimmung entschließen. Er lasse sich trotz allem nicht von der hergebrachten Ansicht des Altertums abbringen, das es mit Moses gehalten habe.[51] Worin diese Ansicht bestand, sagt er nicht. Für den führenden Philologen des frühen 18. Jahrhunderts war die Frage

[49] Siehe oben Abschnitt i.

[50] Hermann von der Hardt. Ad Clarissimum virum Paulum Martinum Noltenium …in Mosis Gen. II, 18.19.20. in Bochartum Epistola. Helmstedt 1705: „scopus erat, Adamo divinitus destinatam fuisse sociam". P. 29: „Omnia, inquit Moses, viva animantia, quocunque veniant nomine, attente consideravit et expendit sedulo, pro divino nutu & instinctu ipsemet ingenue judicaturus, an aliquod illorum esset, quod ad auxilium desideratum societatemque ineundam, alendam, remque familiarem conservandam facere posset."

[51] Fabricius: *Codex pseudepigraphicus Veteris Testamenti*. P. 3: „Fateor non destitui ingenio quae à Viro praestantissimo disputantur & communi sententiae objiciuntur, sed ab tota antiquitate cui ratio et verba Moysis aperte videntur favere, ideo neutiquam recesserim."

nach dem Kreditverlust der adamitischen Sprache noch keineswegs entschieden.

v. Adams spiritueller Tod (Zedler, Reimarus)

Einige Jahre später war es aber mit der Glaubwürdigkeit des adamitischen Sprachursprungs vorbei. Das zeigt sich im größten Lexikon der deutschen Aufklärung, Zedlers *Universallexikon*. Der Artikel ‚Adam' im ersten Band (1732) stellt zwar die Theorien zur Figur Adams und auch zur Lingua adamica vor, aber er weist sie samt und sonders mit einer Mischung von Ironie und Entrüstung zurück. Alle traditionellen adamitischen Topoi tauchen auf, und sie gelten sämtlich für nichts – Adam hat seine Rolle als Typus spiritueller Imagination ausgespielt. Einzig die biblische Paradiesgeschichte scheint noch als historische Tatsache akzeptiert zu werden. Im Zedler – wer immer den Artikel ‚Adam' verfasst hat – heißt es:

> Adam, der erste Mensch, welchen Gott nach seinem Ebenbilde erschaffen. … Er hat sein Alter auf 930 Jahre gebracht, und ausser Cain, Abel und Seth, noch andere ungenannte Söhne und Töchter gezeuget. Ein mehreres lässet sich von ihm mit Wahrheits-Grunde und nach der heiligen Schrifft nicht melden. Denn was man sonsten von ihm erzehlet, beruhet entweder auf lauter Muthmassungen, die auf eine Wahrscheinlichkeit gegründet sind, oder ist offenbarlich fabelhaft und ungereimt. Also weiß man viel von seiner sonderbaren Leibes-Schönheit und grosser Wissenschaft zu sagen, wobey einige den Engel Raziel vor seinen Lehrmeister ausgeben, ihm auch ein und andere Schrifften, als ein Buch von denen Namen der Thiere, eine Apokalypsin, den 92. und andere Psalmen, das cabbalistische Buch Raziel, das

> Buch Jezira, imgleichen eines von der Alchemie, und noch andere mehr andichten. Unter denen Jüden werden viele gefunden, welche vorgeben, er sei von ungeheurer Riesen-Grösse gewesen, auch beschnitten erschaffen worden. So sind auch ungereimte Phantaseyen, wann einige, und sonderlich die bekannte Bourignon,[52] gemeinet, daß in Adam beyderley Geschlecht vereinigt gewesen, und daß er bis auf seinen Fall das menschliche Geschlecht allein, und ohne Weib hätte fortpflanzen können.[53]

Der Artikel im Zedler listet alle Topoi zum Thema Adam auf, die auch in Fabricius' *Codex Pseudepigraphicus Veteris Testamenti* figurieren, er bezieht sich zugleich auf den entsprechenden Eintrag in Pierre Bayles *Dictionnaire historique et critique*,[54] aber er ist entschieden skeptischer als seine Vorlagen. Bayle hatte noch immer das umfassende Wissen Adams als legitime biblische Exegese akzeptiert, Fabricius hatte alle bekannten Traditionen und Deutungen der Figur Adams aufgelistet, ohne sie im Einzelnen kritisch zu kommentieren.

Aber der Glaube an die typologische Heilsbedeutung Adams und an sein universales enzyklopädisches Wissen ist 1732 verflogen. Die Lehre vom göttlichen Ursprung der Sprache, die ursprünglich einen Zugang zu den Schöpfungsideen und damit zum Wesen der Dinge eröffnet hatte, hat sich aufgelöst. Damit ist zugleich der Boden bereitet für die neuen Leh-

---

[52] Antoinette Bourignon: *Le nouveau ciel et la nouvelle terre*. Amsterdam: Riewerts & Arents 1679. Bayle zitiert das Werk ausführlich in seinem Artikel ‚Adam' im *Dictionnaire* (s. die übernächste Anmerkung).

[53] Joh. Heinrich Zedler: *Universallexikon*. Bd. 1. Leipzig 1732, s.v. ‚Adam'.

[54] Pierre Bayle: *Dictionnaire Historique et Critique*. Bd. 1. 6. Aufl. Basel: Brandmüller 1741 [zuerst 1694–97]. Artikel ‚Adam', S. 72–74.

ren vom natürlichen Ursprung der Sprachen, die in den 1750er Jahren wie Pilze aus dem Boden schossen.

In der Dekade zwischen 1730 und 1740, als der Artikel ‚Adam' im ‚Zedler' erschien, schrieb der Hamburger Philologe Hermann Samuel Reimarus, übrigens der Schwiegersohn von Johann Albert Fabricius, seine *Schutzschrift für die vernünftigen Verehrer Gottes*, eine ätzende Kritik des Alten und Neuen Testaments, von der im 6. Kapitel noch ausführlich die Rede sein wird. Hier wurde mit der gesamten positiven Offenbarung auch die Geschichte Adams im Paradies diskreditiert und in Spott aufgelöst. Reimarus scheint zwar noch davon auszugehen, dass Adam eine historische Figur gewesen ist, aber der Adam, den er akzeptiert, ist allein der nach dem Sündenfall und nach der Vertreibung aus dem Paradies, der im Schweiße seines Angesichts sein Brot isst.[55] Überhaupt ist ihm die gesamte Paradiesgeschichte dubios. Er bezweifelt vor allem die Lehre von der Erbsünde und den damit verbundenen Verlust von Adams und Evas angeblichem universalem Wissen. Er kann sich nicht vorstellen, dass Adam, der als Gottes Ebenbild geschaffen wurde, der durch Gottes Belehrung weise geworden war, der sein Weib Eva die göttliche Sprache und Weisheit gelehrt hat, dass dieser Adam in seiner Weisheit die Unterscheidung von Gut und Böse nicht gekannt habe. Worin konnte die Weisheit Adams überhaupt bestanden haben? Warum, fragt Reimarus, vertraute Eva der Schlange mehr als Gottes weiser Vorschrift? Und wie kann man sich vorstellen, dass der weise Adam von Eva durch das lächerliche Angebot, einen Apfel zu essen, verführt wurde, und dazu noch mit dem Argument, er werde dadurch klug? Reimarus kommentiert sarkastisch:

---

[55] Reimarus, *Apologie* [wie Anm. 6.1]. Bd. 1, S. 193–195.

> Dann aber sieht Eva den Baum an, daß gut davon zu essen wäre, weil er klug machte. Mein! was hat sie sich doch für Gedanken von dem Essen einer Frucht, eines Apfels gemacht? Sollte die Klugheit im Apfel stecken, und als eine Quintessenz durch die Verdauung des Magens herausgezogen werden, damit sie so ins Geblüt treten, und in die Seele übergehen könnte? Welche Vorstellung! So albern denkt jetzt niemand, daß er sich im Obst zum Doktor fressen könne.[56]

Die Geschichte vom weisen Adam, seiner Kenntnis der göttlichen Sprache und der Einsicht in das Wesen der Dinge hat sich in Spott aufgelöst. Nach wie vor galt zwar als selbstverständlich, dass die Sprache den Unterschied zwischen dem Menschen und den Tieren definierte – der Mensch war Mensch vor allem durch die Sprache. Aber Sprache war nicht mehr als Merkmal der Gottebenbildlichkeit bestimmt. Sie musste natürlich erklärt werden – Gott war aus dem Spiel; als verbliebenes Hauptunterscheidungsmerkmal des Menschen vom Tier wurde die Sprache dadurch freilich nur umso wichtiger. Aber in diesem Sprachnaturalismus zeigten sich neue Probleme, denn die Theorien vom Ursprung der Sprache unterlagen einem ausweglosen *circulus vitiosus*, den Wilhelm von Humboldt, gewiss ein Vertreter des natürlichen Ursprungs der Sprache, wie folgt beschrieben hat: „Der Mensch ist Mensch nur durch die Sprache; um aber die Sprache zu erfinden, mußte er schon Mensch sein.“[57] Über diese Problematik sind wir auch derzeit noch nicht hinaus.

---

[56] Ebd., S. 758.

[57] Wilhelm von Humboldt: *Ueber das vergleichende Sprachstudium in Beziehung auf die verschiedenen Epochen der Sprachentwicklung (1820)*. In: Werke in fünf Bänden. Bd. 3: Schriften zur Sprachphilosophie, hg. von Andreas Flitner u. Kaus Giel. Darmstadt: Wiss. Buchgesellschaft 1963, S. 11.

4. Bekehrung und Vollendung: Vier Entwürfe einer christlichen Universalreligion

I. Universalreligion und Mission

Wer missionieren will, muss die Religion, zu der bekehrt werden soll, in vorteilhaftem Licht darstellen. Er muss die Überlegenheit der neuen Religion dergestalt beschreiben, dass sie die Vorteile der alten Religion übertrifft; dabei ist es zweckmäßig, an Topoi der alten Religion anzuknüpfen. Schließlich muss die Bekehrung dort beginnen, wo sich die zu Bekehrenden gerade befinden. Der Missionar muss deshalb möglichst viel von der alten Religion verstehen, die überwunden und verlassen werden soll, damit er Widerständen und Einwänden gegen seine Bekehrungsversuche erfolgreich begegnen kann. Eine kluge Missionspolitik schult deshalb die Missionare entsprechend; sie müssen sich also mit beiden Religionen auskennen, mit der fremden und der eigenen.

Mission ist ein vornehmlich rhetorisches Geschäft: Es soll durch die Kraft der Rede das Handeln des Adressaten verändert werden. Missionarische Rhetorik ist deshalb zugleich asymmetrische Kommunikation: Am Ende soll die neue Religion siegen. Sie muss als die erscheinen, die zu wählen sich lohnt. Um diesen Zweck zu erreichen, sind drei Methoden und Argumente hilfreich:

1. Die neue Religion sollte in ihren Lehren und Praktiken als so elastisch dargestellt werden, dass der Übergang von der alten zur neuen Religion einfach erscheint. Ein Weg besteht darin, zu behaupten, die neue Religion umfasse die Lehren der alten, aber sie sei vernünftiger und allgemeiner.

2. Dabei ist es durchaus konversionsbeschleunigend, wenn die neue Religion auch die der politischen Herrscher ist. Unter diesen Bedingungen ist auch die Polemik gegen die zu bekämpfende und zu überwindende Religion Teil des missionarischen Geschäfts in der Hoffnung, dass die Kombination von politischem Druck und Überlegenheitsbehauptung der neuen Religion die Konversion befördert.
3. Das entscheidende ideologische Argument für die Konversion ist das Versprechen, die neue, vernünftigere und politisch opportune Religion führe zugleich zur beglückenden Vollendung des Einzelnen und der Welt insgesamt. Dem Einzelnen wird eine Verbesserung im Diesseits und eine Beglückung im Jenseits versprochen. Diese Verheißung wird damit begründet, dass die neue Religion dergestalt universal sei, dass sie die Weltgeschichte bis zu ihrem Ende prägen und dass ihre Wahrheit sich in der Vollendung der Welt zeigen werde. Diese Vollendung werde Himmel und Erde vereinen. Sie werde sich auch in jedem Einzelnen vollziehen, weil er nach seinem Tode in die ewige Seligkeit gelangen werde.

Die Rhetorik, die neue Religion als heilswirksam, zugleich rationaler und universaler darzustellen als die alte, bleibt nun freilich nicht ohne Folgen für die Missionare. Wenn sie ihre Religion als elastisch präsentieren und sie mit der Religion der zu Bekehrenden vergleichen, um dann die Überlegenheit der neuen Religion zu definieren, verändern sie zugleich ihre eigene Religion, denn sie muss ihre Lehren den Kriterien anpassen, die missionstauglich sind. Missionare sind deshalb häufig dogmatisch weniger strikt als die Glaubenswächter ihrer eigenen Kirche. Dieser inneren Logik folgen auch die missionarischen Apologeten, die im Folgenden dargestellt werden: Raimundus

Lullus (Ramón Llull) versucht, die Universalität der christlichen Religion durch kalkulatorische Logik zu begründen – freilich ist er so vorsichtig, zuerst eine vernünftig-natürliche Religion als Voraussetzung für einen Theismus zu beschreiben, der allen monotheistischen Religionen zugrunde liege. Erst auf dieser Grundlage will er dann die heilswirksamen Avancen des Christentums beschreiben.

So vorsichtig sind seine Nachfolger nicht: Selbst der spekulative Nikolaus von Kues, der zunächst die gemeinsame Grundlage von Christentum und Islam darstellt, übernimmt schließlich doch die polemischen Topoi der intellektuellen, praktischen und heilsgeschichtlichen Überlegenheitsbehauptung des Christentums.

Der französische Spiritualist und Kabbalist Guillaume Postel folgt ihm in der Polemik, aber Postel stellt seine Fassung des Christentums als spekulativ-philologische Überwindung der alten Kirchendogmatik dar. Um eine allgemeine Religion zu ermöglichen, verlässt Postel die Lehren seiner Kirche, deren Dogmatik er mit Argumenten überhöht, die der Kabbala entstammen. Auf dieser Grundlage imaginiert er ein neues, endzeitlich-kosmisches Überchristentum.

Tommaso Campanella, der letzte der hier vorgestellten Propagandisten einer Universalreligion, verbindet das Missionskonzept des Katholizismus mit der Idee einer Endzeitmonarchie, die er sich als spanische Weltherrschaft vorstellt. Diese Herrschaft, die das spanische Königtum eng mit der geistlichen Herrschaft des Papstes verschränkt, erfordert eine universale Religion, die sich aus dem Katholizismus entwickeln soll. Die theokratische Verfassung seines Sonnenstaates soll die Universalreligion umfassen, auf die die Weltgeschichte hinzielt; es ist die biblisch verheißene Religion des 1000-jährigen Reiches.

II. Raimundus Lullus

i. Die Religionen in der Reconquista

Das Königreich Aragon im 13. Jahrhundert – Christliche Missionspolitik

---

Das Königreich Aragon im 13. Jahrhundert

Das 13. Jahrhundert ist die Periode der spanischen Reconquista. König Jaume I., König von Aragon und Graf von Barcelona, hatte 1229 Mallorca den Muslimen entrissen, wurde 1238 Herr von Valencia und eroberte 1263 Murcia. Seinen Sohn Peter III. von Aragon vermählte er mit Constantia, der Enkelin Friedrichs II., des Römisch-Deutschen Kaisers und Königs von Sizilien. Peter III. zwang 1278, zwei Jahre nach seiner Krönung, seinen Bruder Jaume II., der König von Mallorca war, zu einem Lehnseid, womit er das Königreich Mallorca seiner Herrschaft einverleibte. In der ‚Sizilianischen Vesper' 1282, in der sich der sizilianische Adel gegen die Herrschaft der französischen Anjou empörte, unterstützte Peter III. die Aufständischen und wurde anschließend auch König von Sizilien. Sein Reich umfasste nun Aragon, Katalonien einschließlich Montpellier und Teile des Languedoc sowie Valencia, Murcia, Mallorca und Sizilien. Im westlichen Mittelmeer war Peter III. nun der mit Abstand mächtigste Herrscher. Aber schon in der folgenden Generation zerfiel sein Reich. Jaume II. wurde König von Aragón, Friedrich II. König von Sizilien und Sancho I., der Sohn Jaumes II., König von Mallorca.

Christliche Missionspolitik

Die Reconquista der aragonisch-katalonischen Könige wurde von Beginn an von christlichen Missionsanstrengungen begleitet. Die Kirche beauftragte den Dominikanerorden mit der Missionierung. Raimund von Penyafort († 1275) war schon 1242 wahrscheinlich die treibende Kraft hinter der Vorschrift König Jaumes I., die Juden und Muslime zu zwingen, christliche Missionspredigten anzuhören. Um 1245 gründete Raimund in Tunis und Murcia, wahrscheinlich auch in Mallorca, Schulen für jüdische und muslimische Studien, in denen christliche Missionare auf ihren Dienst vorbereitet werden sollten. Gegen 1260 beauftragte er Thomas von Aquin, die *Summa contra Gentiles* zu schreiben; 1263 war er verantwortlich für die berühmte Disputation in Barcelona zwischen Nachmanides und Pablo Christiani; zusammen mit seinem König Jaume I. wohnte er dieser Veranstaltung bei. Raimund scheint ein außerordentlich erfolgreicher Missionar gewesen zu sein. 1256, so wird berichtet, habe er 10.000 Muslime getauft.[1]

Es ist zugleich die Zeit, in der in Gerona, mitten im Königreich Aragon, die klassische jüdische Kabbala entwickelt wurde: Abraham ben Shmuel Abulafia (gest. 1291/92) schrieb Kommentare zum kabbalistischen *Sefer Jezira*,[2] sein Schüler Josef Gikatilla (gest. nach 1305) verfasste mit *Scha'are Ora (Pforte des Lichts)* in den siebziger und achtziger Jahren des 13. Jahrhunderts die wohl wichtigste systematische Darstellung der jüdischen Kabbala.[3] Moshe de Leon (gest. 1305) schrieb

---

[1] *Acta Sanctorum*. Bd. 3, Kap. 5, Abschnitt [24], Anm. M. ‚Raimundus de Pennaforti'.

[2] Siehe Anm. 2.7.

[3] Vgl. Johann Maier: *Die Kabbalah. Einführung – Klassische Texte – Erläuterungen*. München 1995,

über Jahrzehnte am Hauptwerk der jüdischen Mystik, dem *Sohar*, für den er eine neue Sprache, ein Kunst-Aramäisch, entwickelte.[4]

ii. Das Buch vom Heiden und den drei Weisen

In diesem Königreich Aragon war Raimundus Lullus, einer der merkwürdigsten und eindrucksvollsten Persönlichkeiten des Mittelalters, als philosophisch-theologischer Missionar aktiv. 1232/33 in Palma de Mallorca als Sohn eines mittleren Adeligen geboren, war er dort von 1246 bis 1263 zunächst Page, dann Seneschall und Prinzenerzieher am Hof Jaumes I. 1263 erlebte er eine Bekehrung und widmete sich der Abfassung eines ‚durchschlagenden apologetischen Buches'[5] zum Zwecke der Sarazenen-Mission. Er beriet sich mit Raimund de Penyafort und unternahm Werbefahrten für die Einrichtung von Sprachenschulen an den europäischen Höfen in Italien und Katalonien sowie in Paris. Zugleich betätigte er sich als Missionar in Nordafrika. 1316 starb er, der frommen Erzählung zufolge, auf dem Schiff im Angesicht Mallorcas an den Folgen der Steinigung, die er auf seiner letzten Missionsreise in Tunis erlitten hatte.

Lulls erstes großes Buch, der *Liber de gentili et tribus sapientibus*[6] stammt in der katalanischen Fassung aus den Jahren

[4] Gershom Scholem: *Die jüdische Mystik in ihren Hauptströmungen.* Deutsch zuerst Zürich 1957, S. 128–266.

[5] Erhard Wolfram Platzeck: *Raimund Lull.* Düsseldorf 1964, S. 15.

[6] Raymundus Lullus: *Buch vom Heiden und den drei Weisen.* Übers. u. hg. von Theodor Pindl. Stuttgart 1998. Dieser Übersetzung liegt die lateinische Fassung zugrunde, die in der Salzinger-Ausgabe der Werke Lulls (*Opera omnia.* Bd. 2. Mainz 1721, S. 21–114) abgedruckt ist.

1274/76; die lateinische Fassung ist später entstanden.[7] Das *Buch vom Heiden und den drei Weisen* ist ein zumal für einen mittelalterlichen christlichen Apologeten bemerkenswertes Dokument: Es vergleicht die drei abrahamitischen Religionen, lässt die Entscheidung zwischen den Religionen aber offen.

Das Werk umfasst einen Prolog und vier Bücher: 1. Gott und die Auferstehung (das ist eine rationale Theologie). 2. Der Glaube der Juden. 3. Der Glaube der Christen. 4. Der Glaube der Sarazenen. Ich fasse die Haupttopoi des Buchs zunächst zusammen. Drei Weise treffen sich vor einer Stadt: ein Jude, ein Christ und ein Sarazene. Sie gehen in den nahegelegenen Wald, in dem ein Heide umherirrt, und kommen zu einer Quelle mit fünf Bäumen, an der sie die Dame Weisheit *(Intelligentia)*, auf einem Pferd reitend, treffen. Die Weisheit erklärt die Bedeutung der fünf Bäume. Für unsere Argumentation sind nur die ersten beiden wichtig: Der erste Baum stellt Gott dar, „den Schöpfer aller Dinge, und die seinem innersten Wesen zukommenden ungeschaffenen Tugenden." Gemeint sind Güte *(bonitas)*, Größe *(magnitudo)*, Ewigkeit *(aeternitas)*, Macht *(potestas)*, Weisheit *(sapientia)*, Liebe *(amor)* und Vollkommenheit *(perfectio)*. Der zweite Baum hat (sieben mal sieben =) 49 Blüten, darunter die sieben ungeschaffenen Tugenden des ersten Baums, und sieben geschaffene Tugenden: Gerechtigkeit *(iustitia)*,[8] Klugheit *(prudentia)*, Tapferkeit *(fortitudo)*, Maß *(temperantia)*, Glaube *(fides)*, Hoffnung *(spes)*, Liebe *(caritas)*. Entscheidend ist, dass diese Begriffe nun als Elemente eines kombinatorischen Kalküls erscheinen.[9] Unter-

[7] Zum Konzept eines vernünftigen Dialogs bei Ramon Lull s. auch Knut Martin Stünkel: *Una sit religio. Religionsbegriffe und Begriffstopologien bei Cusanus, Lull und Maimonides*. Würzburg 2013, S. 125–227.

[8] Es ist bemerkenswert, dass *justitia* nicht als absolutes Prädikat Gottes figuriert.

[9] Es mag sein, dass Lull die Idee einer Kombinatorik aus der jüdischen Kabbala

einander müssen die geschaffenen und ungeschaffenen Tugenden widerspruchsfrei kombinierbar sein. Gemeint ist offensichtlich die Kombination dieser semantisch-atomar vorgestellten Begriffe, die später für die lullsche Kombinatorik verwendet werden.

Also kombinieren die Weisen im ersten Buch, in dem sie Gott und die Auferstehung beweisen wollen, nach der Anweisung der Dame Weisheit zunächst die göttlichen, unerschaffenen Tugenden paarweise miteinander, Güte und Größe, Größe und Ewigkeit usw. Sie beweisen die Existenz Gottes dadurch, dass sie die absolute, selbstverständliche Geltung dieser Prädikate herausstellen. Analog werden die anderen Prädikatenlisten durchkombiniert. Die Menge der so gewonnenen Argumente ist überwältigend; und so muss dem Heiden einleuchten, dass es einen guten Gott gibt und dass die menschliche Seele unsterblich ist. Damit erlangt er die Hoffnung, dass ein gutes Leben seinen Sinn in der Verherrlichung Gottes findet und die Seele sich diesem Gott in der Seligkeit angleicht.

Wie nicht anders zu erwarten, überzeugen Lulls drei monotheistische Weisen den verstörten Heiden mit ihrem Gottesbeweis. Als aber der Neu-Gläubige fragt, warum sie sich in ihren einzelnen Glaubensrichtungen dennoch uneins sind, entfalten sie im Lehrgespräch mit dem Heiden und dann in einem Streitgespräch untereinander ihre jeweiligen Lehren. Die Wortführer folgen einander gemäß der Anciennität der jeweiligen Religionen: Zunächst redet der Jude, dann der Christ, zuletzt der Muslim. Bemerkenswert ist, dass Lull die Lehren aller drei

---

übernommen hat. Zu Lulls Kombinatorik vgl. W. Schmidt-Biggemann: „Llull, Leibniz, Kircher and the History of Lullism in the Early Modern Era“. In: *Dia-Logos. Ramon Llulls Method of Thought and Artistic Practice*. Hg. von Amador Vega, Peter Weibel u. Siegfried Zielinski. Karlsruhe u. Minnesota 2018, S. 38–61.

Religionen präzise auf eine Reihe von Katechismustopoi eindicken kann.

Der Neu-Gläubige wiederholt, nachdem die drei apologetischen Unterweisungen des Juden, des Christen und des Sarazenen abgeschlossen sind, deren Argumente und betet dann zu Gott. In diesem Gebet ruft er alle Tugenden an, die die Dame Weisheit anfangs als Blüten der fünf Bäume an der Quelle geoffenbart hatte. Er bittet abschließend um die Verzeihung seiner Sünden und darum, den Gottesdienst ausführen zu können, mit dem Gott „von seinen Dienern bedient werden" möchte.[10]

Bemerkenswerterweise gibt es kein klares Ergebnis dieser Apologetik. Denn als der neugläubige Ex-Heide seine Wahl bekannt geben will, kommen andere Heiden, die er seinerseits bekehren will. Wozu, bleibt zwar aus dem Duktus des Gesprächs erahnbar, nämlich wohl zum Christentum, aber das wird nicht ausgesprochen. Die drei Religionsvertreter insistieren auch nicht. Im Gegenteil: Das Ergebnis ist ähnlich wie das von Boccaccios und Lessings Ringparabel: Auf die erstaunte Frage des Neugläubigen, ob sie denn nicht wissen wollten, wofür er sich entschieden habe, antworten sie, „sie wollten es nicht wissen, damit ein jeder von ihnen glauben könne, er [scil. der Neugläubige] habe seine Religion gewählt".[11]

Ein solch offenes Ende ist singulär – aber der Monotheismus war damit als Muster einer allgemeinverbindlichen Grundlage aller Religionen eingeführt. Lull selbst hat später allerdings versucht, mit Hilfe seiner Kombinatorik das Christentum als diejenige Religion herauszustellen, die zwar komplizierter, aber eben theologisch auch anspruchsvoller war als die anderen beiden abrahamitischen Monotheismen. Für ihn

[10] Lull, *Buch vom Heiden* [wie Anm. 6], S. 244.

[11] S. 246.

waren Rationalität und Endgültigkeit im Christentum vereinigt; diese Religion hat Lull verkündet, für diese Religion ist er gestorben.

III. Nikolaus von Kues

i. De Pace Fidei: Konziliante Spekulationen

Am 29. Mai 1453 fiel Konstantinopel;[12] die Eroberung durch die Türken unter Mehmed II. war das Ende der ununterbrochenen christlichen Tradition des Römischen Reiches – das Heilige Römische Reich (Deutscher Nation) hatte sich nur durch die politische Rechtskonstruktion der Translatio Imperii zum Nachfolger des weströmischen Reiches erklärt. Das oströmische Reich und die griechisch-christliche Kontinuität waren zu Ende. Der Schock in der übriggebliebenen abendländischen Christenheit saß tief.

Nikolaus von Kues (1401–1464) hat den Untergang des byzantinischen Reiches mit bangem Interesse verfolgt, er war 1437/38 als Delegierter des Papstes nach Byzanz gereist, hatte dort Manuskripte gekauft und auf dem Rückweg sein später bekanntestes Werk *De docta Ignorantia* konzipiert. Fünfzehn Jahre später, gerade zur Zeit der für die abendländische Christenheit traumatischen Niederlage des oströmischen Reichs, schrieb Nikolaus *De Pace Fidei*.

Das Buch besteht in einem theologischen Lehrgespräch, in dem die Theologien der christlichen Denominationen, die

[12] Zu den folgenden Ausführungen vgl. W. Schmidt-Biggemann: „Logostheologie als Missionskonzept. Christentum und Islam bei Nikolaus von Kues und Guillaume Postel“. In: Cusanus Jahrbuch 8 (2016/18), S. 63–94. Siehe auch Stünkel, *Una sit religio* [wie Anm. 7], S. 41–124.

Nikolaus kannte, gemeinsam mit dem Islam besprochen werden. Der Islam ist hier als eine der Religionen imaginiert, die unter der geistlichen Federführung des römischen Christentums vereinigt werden könnten. Die drei Lehrer, das ‚Wort', d.i. ein allegorischer Sprecher des göttlichen Logos, sowie die Apostel Petrus und Paulus, informieren die Vertreter der Religionen über die Kernpunkte des christlichen Glaubens. Das ‚Wort' unterrichtet über die Weisheit als Schöpfungsprinzip, über den ersten Grund, die göttliche Einheit und ihre trinitarische Ausfaltung; Petrus belehrt über die Gottmenschlichkeit und das Mittleramt Christi, die Jungfrauengeburt, über Christi Kreuzigung und Ewigkeit, Paulus über Glauben, Werke und Sakramente.

Allerdings ist die Auseinandersetzung mit dem Islam zwischen ‚Logos' und ‚Arabs' eher philosophisch als theologisch. Bei der Antwort auf die Frage, wie es möglich sei, die christliche Trinitätslehre mit dem strikten Monotheismus des Islam zu versöhnen, oszilliert Nikolaus nämlich zwischen der Idee des ersten Ursprungs und der Vielheit der Folgen. Er wendet diesen neuplatonischen Topos auf das Verhältnis von Monotheismus und Polytheismus an und betont, dass alles auf einen ersten Ursprung zurückgeführt werden müsse und die Vielheit allemal der Einheit unterzuordnen sei. Diese Antwort reagiert zwar auf den Vorwurf des Islam, die Trinitätstheologie sei eine Spielart des heidnischen Polytheismus, macht aber die Dreifaltigkeit des christlichen Gotteskonzepts nicht plausibel. Nikolaus lässt dieses Problem hier ungelöst, obwohl er seit der Konzeption von *De docta Ignorantia* die Trinitätstheologie als spekulativen Kern seines Gottesbegriffs betrachtete.[13] Die Elastizität des religiösen Vermittlers zwischen den Religionen

[13] Siehe unten S. 120.

geht hier – stillschweigend – über die äußersten Grenzen christlicher Dogmatik hinaus.

Gleichwohl muss man *De Pace Fidei* als Selbstversicherung des Kardinals über die philosophischen Prinzipien des christlichen Glaubens lesen; es handelt sich, wie von Nikolaus nicht anders zu erwarten, um eine spekulative Selbstversicherung. Er will die Hauptpunkte der christlichen Dogmatik beweisen, ohne sich strikt an der biblisch-historischen Offenbarung zu orientieren. Gegenüber den spekulativ gewonnenen Lehren, welche die Trinität, die Schöpfung durch das Wort, aber auch die Inkarnation und Soteriologie, die Unsterblichkeit der Seele und das Endgericht umfassen, betrachtet Nikolaus den katholischen Kultus und die kirchlichen Riten, also auch die Sakramente, eher als Adiaphora, als nicht heilsnotwendige Bräuche. Er fasst das spekulativ gewonnene Konzept von *fides* bemerkenswert weit: Es handelt sich um die Skizze einer Universalreligion, die auf der Idee der Mitteilung des göttlichen Logos an alle Wesen, die der Vernunft teilhaftig sind, beruht. Dieser spekulative theologische Rahmen beansprucht, auch den Islam einzuschließen – freilich touchiert ihn Nikolaus hier nur oberflächlich. Sein Fazit im Bezug auf die monotheistischen Religionen lautet: „Alle Verschiedenheit findet sich eher in den Riten als in der Verehrung des einen Gottes.“[14]

[14] Nikolaus von Kues: *De pace fidei* XIX lxvii: „omnem diversitatem in ritibus potius compertum fuisse quam in unius Dei cultura“. *Opera omnia*, iussu et auctoritate Academiae litterarum Heidelbergensis. Bd. 7. Hg. von Raymond Klibanski u. Hildebrand Bascour. Hamburg 1970.

ii. Die *Cribratio Alchorani* nach ihren Haupttopoi

Während der Islam in *De Pace Fidei* allgemein und undifferenziert behandelt wird, ist die theologische Auseinandersetzung in der *Cribratio Alchorani* (1460/61) erheblich gründlicher – und polemischer. Das Werk ist drei Jahre vor dem Tod des Cusaners geschrieben. Byzanz war seit sieben Jahren fest in osmanischer Hand und Nikolaus' Gönner, Pius II., plante einen Kreuzzug zur Befreiung des alten Ostrom; der Plan endete 1464 in einer Katastrophe.

Die *Cribratio Alchorani* ist diesem Papst gewidmet. Nikolaus geht es hier um die Abgrenzung seiner *Philosophia pia* vom Koran, und seine theologischen Haupttopoi sind die rationale Theologie der Trinität, die Christologie und die Eschatologie, die er im zweiten Buch behandelt. Die Belagerung und die Eroberung Konstantinopels hatte die Stimmung im Abendland eschatologisch aufgeladen, Nikolaus hatte schon 1452, im selben Jahr, als er *De Pace Fidei* verfasste, zur Diskussion um das Weltende mit seiner Abhandlung *Coniectura de novissimis diebus* beigetragen; damals hatte er das Jahr 1732 als den Beginn des tausendjährigen Reiches berechnet.[15] Dieses Endreich werde die Wahrheit der Christlichen Religion, die Nikolaus in seinen spekulativen Ideen darstellte, auch politisch erfahrbar machen.

Nikolaus geht 1460, sieben Jahre nach der Eroberung von Konstantinopel, in der *Cribratio Alchorani* nicht mehr davon aus, dass es sich beim Unterschied von Christentum und Islam nur um eine Differenz der Riten handle, in der Gottesverehrung seien beide gleich. Jetzt verteidigt er polemisch die Vorrangstellung des Christentums gegenüber dem Koran. Er

[15] *Coniectura de novissimis diebus* (Opera Omnia. Bd. 4,1. Hamburg 1959).

wolle, schreibt er, den Koran ‚sieben' und klarstellen, dass Mohammed nicht wie Christus das Heil der Welt, sondern seine eigene Ehre suche.

Die Übereinstimmungen mit dem Christentum bestünden zwar darin, dass der Koran nur Gott als ‚Herr' anrede, aber noch in der Übernahme christlicher Lehren sei der Koran voller Irrlehren: Weder werde Jesus als ‚Herr' noch Maria als ‚Herrin' bezeichnet. Das entspreche der nestorianischen Irrlehre, die die Gottmenschlichkeit Jesu Christi und die Gottesmutterschaft Marias bestreite.[16] Gott werde darüber hinaus nie als ‚Vater' tituliert.

Der Koran,[17] stellt Nikolaus im Einzelnen fest, leugne die Gottessohnschaft und die Kreuzigung Christi. Nikolaus stellt dagegen die Monopolstellung des Neuen Testaments heraus. Seine Begründung ist logostheologisch: Christus sei als zweite Person der Trinität das Wort Gottes, und dieses Wort sei in Jesus von Nazareth Fleisch geworden.[18] Es geht dem Kardinal vor allem um dogmatische Klärungen: Er kontert den Vorwurf des Koran, die Lehre von der Gottessohnschaft Jesu Christi sei

---

[16] Nestorius, von 428 bis 431 Patriarch von Konstantinopel, hatte geleugnet, dass Maria Gottesgebärerin *(theotokos)* sei; stattdessen nahmen die Nestorianer nur die ewige Zeugung Christi in Gott an. Diese Lehre hat die Leugnung der Gottmenschlichkeit Christi zur Folge und akzeptiert das für das orthodoxe und lateinische Christentum zentrale Dogma der Inkarnation nicht.

[17] Nikolaus benutzt die lateinische Übersetzung von Robert von Ketton. Vgl. Hartmut Bobzin; *Der Koran im Zeitalter der Reformation. Studien zur Frühgeschichte der Arabistik und Islamkunde in Europa.* Beirut 1995 (Beiruter Texte und Studien 42).

[18] Nikolaus von Kues: *Cribratio Alchorani* I, 10–13, hier auch II, 1, n. 86; 12, n. 119; 13, n. 124; 19, n. 154 (*Opera Omnia* [wie Anm. 14]. Bd. 8. Hg. von Ludwig Hagemann. Hamburg 1986). Vgl. Susan Gottlöber: „De Pace Fidei". In: *Handbuch Nikolaus von Kues.* Hg. von Marco Brösch u. a. Darmstadt 2014, S. 195–201; *Nicholas of Cusa and Islam. Polemic and Dialogue in the Late Middle Ages.* Hg. von Ian Christopher Levy. Leiden/Boston 2014.

Polytheismus (Sure 37, 151–157), mit dem Argument, es handle sich bei der Trinität um Emanation, um eine geistige Zeugung von Ewigkeit zu Ewigkeit (*Crib.* I, 14). Bei der Frage des Inkarnationsdogmas stellt Nikolaus das Neue Testament gegen den Koran – weitere Argumente hat er nicht: Christus sei als Gott und Mensch durch Maria geboren worden (15); er sei Mensch und göttliches Wort und als der höchste Gesandte auch Sohn Gottes (16). Im Koran findet er vor allem: Jesus werde auch ‚Geist und Seele Gottes' genannt (18).

Anders als in *De Pace Fidei* stellt Nikolaus jetzt in der *Cribratio Alchorani* gegen den Koran und seine Ausleger ein ganzes Set von trinitarischen Argumenten zusammen. Sein Hauptargument ist pythagoreisch: Die Eins sei nur als Distinktion von der Zwei zu denken; beide gehören als Zahlen zusammen. Deshalb ist die Drei als Beleg der Gattungseinheit Zahl von Eins und Zwei für die Zahlenlehre axiomatisch unabdingbar. Eins und Zwei sind logisch evident verschieden, aber sie sind beide Zahlen; und insofern sind sie Eines. Nikolaus variiert diese Zahlenlehre: Wenn man den Urgrund *(Principium purum)* auf das Begründete beziehe, führe das notwendig zur Annahme der Trinität von Vater, Sohn und Geist,[19] denn das Zweite hänge notwendig mit dem Ersten und das Erste mit dem Zweiten zusammen: Die Verbindung beider sei der Heilige Geist. Dieses Argument hat er zuerst 1440 in der *Docta Ignorantia* vorgestellt,[20] und er verwendet es seit dieser Zeit immer wieder.

Die Kreuzestheologie ist das Kernstück der christlichen Heilslehre. Nikolaus stellt die Bedeutung des Kreuzestodes

[19] *Cribratio* II, 1, n. 88.

[20] Nikolaus von Kues: *De docta Ignorantia* I vii (Opera omnia. Bd. 1); *De Coniecturis* ii, § 8 (Opera omnia. Bd. 3).

Christi heraus[21] und betont die historische Wirklichkeit von Jesu Kreuzigung gegen die Behauptung des Koran, Christus sei nicht gestorben, sondern die Juden hätten einen anderen Menschen, der ihm ähnlich sah, getötet, und der unbegreifliche Gott habe Christus zu sich erhoben.[22]

Für Nikolaus ist das Argument entscheidend, dass es keine andere Heilsgeschichte geben kann als die, die in Jesus Christus kulminiert. Sie impliziert die Geburt aus der Jungfrau Maria, den Kreuzestod und die Auferstehung. Er konzediert allerdings: Auch der Koran kenne den Sündenfall Adams, und Christus sei die Weisheit, die der Koran Gott zuschreibe.

Das Ende der *Cribratio* ist aber nur noch polemisch – es vereinigt alle antiislamischen christlichen Topoi: Gesetzlosigkeit, Grausamkeit, Sinnlichkeit. Von der *pia interpretatio* der ersten beiden Bücher ist nichts mehr zu spüren.

Die spekulative Christologie ist die Pointe dieses letzten Buchs der *Cribratio Alchorani*. Nikolaus argumentiert: Das Versprechen des ewigen Lebens, das Mohammed seinen Anhängern gegeben habe, sei ungültig, denn nur durch die Gottmenschlichkeit Christi sei den Menschen Anteil an der Unsterblichkeit gegeben; und sie könne nur durch ihn gewährt werden.[23] Der gottmenschliche Messias ist König aller Lebendigen. Darin besteht seine messianische Dignität. Er ist das geistige Leben, weil er Moment des göttlichen trinitarischen Lebens ist, das sich im reflexiven Selbstvollzug des Geistes manifestiert. Diese trinitarische Reflexivität begründet alles intellektuelle Leben. In seiner Gottmenschlichkeit vereinigt und erhebt Jesus Christus den menschlichen Geist in die Sphäre des Göttlichen.

---

[21] *Cribratio* II, 12–17.

[22] *Cribratio* II, 12. Sure 4, 157–159.

[23] *Cribratio* III, 19.

Dieses spekulativ-erbauliche Moment ist die Pointe, der Usus epanorthoticus der Missionierungsanstrengungen des Cusaners. Es wird später von Guillaume Postel übernommen und messianisch ausgestaltet werden.

Es ist bemerkenswert, dass in der *Cribratio Alchorani* nichts mehr von den Ideen von *De Pace Fidei* übriggeblieben ist. Offensichtlich hatte der Cusaner nach näherer Prüfung der islamischen Lehre die optimistische Sicht, die das Christentum als Universalreligion spekulativ so umfassend gefasst hatte, dass auch der Islam in diese Religion integrierbar war, aufgegeben.

IV. Guillaume Postel

i. Biographie eines Messiaspropheten

Guillaume Postel (1510–1581) ist einer der bemerkenswertesten Gelehrten der an bemerkenswerten Gelehrten reichen Frühen Neuzeit. Er war ein genialer Philologe, auch Geograph und Astronom, der das gesamte spekulative Feld seiner Zunft bediente. Er betrachtete sich je länger, desto dezidierter als neue Verkörperung des göttlichen Logos, als philologischen Messias. Er entkam nur knapp den Mühlen der Inquisition, war lange vergessen und wurde erst im letzten Jahrhundert in seiner Bedeutung erkannt.[24] Aus armen Verhältnissen stammend, wurde er von Juan Gélida am Collège de Cardinal Lemoine gefördert, studierte am Collège St. Barbe in Paris und erlebte eine rasante Karriere als königlicher Philologe. 1535 nahm er an der Reise des Französischen Botschafters

[24] Vgl. Schmidt-Biggemann, *Geschichte der christlichen Kabbala*. Bd. 1 [wie Anm. 2.3], S. 510–657 und die Bibliographie in Bd. 4 (2015), S. 78–95.

nach Istanbul teil, 1537 erhielt er eine großzügige Dotation des Königs für Bücherkäufe und wurde nach seiner Rückkehr aus dem osmanischen Reich Professor am Collège Royal für Griechisch, Hebräisch und Arabisch.

1542 verlor er die königliche Gunst, durchlitt eine finanzielle und spirituelle Krise und verfasste sein Hauptwerk *De Orbis Terrae Concordia* (1543), außerdem *Alchorani seu legis Mahometi et Evangelistarum Concordia* (1543), eine vergleichende religionswissenschaftliche Studie. Hier stellte er einerseits in der Tradition des Nikolaus von Kues die Übereinstimmung von Koran und Christentum dar, andererseits prophezeite er die künftigen Schrecken für die Christen und das bald bevorstehende Jüngste Gericht.[25]

Er war erfüllt von den eschatologischen Ideen, die seit der Eroberung von Konstantinopel die christlichen Geschichtstheologen umtrieben: Die Bekehrung der Türken zum Christentum und die Vollendung der Welt bei der letzten Ankunft Christi. Hier wird der Kerntopos deutlich, der in allen Schriften Postels variiert wird: Die Wiederkunft des Herrn bedeutet die Erlösung des gesamten Kosmos; diese Erlösung vollzieht sich in einer Spiritualisierung der Materie und damit als Rückkehr der Welt zu ihrer im Gedanken Gottes konzipierten geistigen Natur.

1544 schloss Postel sich in Rom als Novize dem neu gegründeten Jesuitenorden an, verließ ihn aber ein Jahr später und lebte in Venedig. Hier erlebte er 1547 eine Offenbarung: er lernte die ‚venezianische Jungfrau' Madre Zuana, eine mild-

[25] Guillaume Postel: *Alcorani seu legis Mahometi et Evangelistarum Concordia liber*, in quo de calamitatibus orbi christiano imminentibus tractatur: Additus est libellus de universalibus conversionibus iudicii vel tempore; et intra quot annos sit expectandum conjectatio ex divinis ducta authoribus, veroque proxima, Paris: Gromorsus 1543. In Kap. 5 von Bobzin, *Der Koran* [wie Anm. 17] werden Postel und seine *Excussio alcorani* (1544) ausführlich behandelt.

tätige Aristokratin kennen, die er als neugeborene Eva oder Maria identifizierte. Er selbst erkannte sich als ihren spirituellen Sohn, als neuinkarnierten Messiaspropheten, der das Christentum vollenden werde. Das Buch, das diese neue Religion verkündete, war die Πανθενωσία *sive compositio omnium dissidiorum circa aeternam veritatem*, die 1547 im Druck erschien.

Die venezianische Inquisition bekam 1555 Wind von Postels Aktivitäten; überzeugt von seiner Rechtgläubigkeit, stellte er sich, und seine Sache wurde in einem Prozess verhandelt. Anders als Giordano Bruno entkam er dem Scheiterhaufen, weil er für verrückt erklärt wurde. Seine Schriften wurden allerdings konfisziert und er selbst in Rom eingekerkert. 1559 entkam er und lebte nach einer abenteuerlichen Flucht bis zu seinem Tode 1581 interniert im Kloster St. Martin du Champs in Paris.

ii. De orbis terrae concordia (1543)

Christliche Philosophie als weltgeschichtlicher politischer Auftrag – Restitutio omnium – Missionsregeln für die eine wahre Religion

---

Christliche Philosophie als weltgeschichtlicher politischer Auftrag.[26]

Postels *De Orbis Terrae Concordia*[27] ist eine monumentale spirituelle und prophetische Weltgeschichte in vier Büchern. Die leitende Idee deckt sich mit den Plänen Nikolaus' von Kues:

[26] Vgl. Schmidt-Biggemann, *Geschichte der christlichen Kabbala*. Bd. 1, S. 529–545.

[27] Guillaume Postel: *De orbis terrae concordia* [Basel 1543]. Dazu François Secret: *Bibliographie des manuscrits de Guillaume Postel*. Genève 1970, Nr. 7.

Die *Philosophia christiana* werde alle Menschen von der einen philosophischen, historischen und christlichen Wahrheit überzeugen. Postel machte sich anheischig, dieses Werk christlich-spekulativer Philologie zu schreiben; zugleich plädierte er für eine neue Übersetzung der gesamten Bibel ins Arabische und des Neuen Testaments ins Hebräische. Dieses Programm sollte die paulinische Prophetie (Röm 11,26 f.) erfüllen, nach der zuerst die Heiden bekehrt werden und schließlich die Juden das Christentum annehmen; dann werde der Herr wiederkommen.

Postel geht von der Konzeption eines *Philosophus Christianus* aus, der die Vernunftgründe der Religion darlegen will; er stellt sein Versöhnungsprogramm als allgemeine und vernünftige Religion vor. Die Keime dieser Vernunft hält Postel für angeboren; sie taugen für die Erklärung der eigenen Religion und für die Einsicht in andere Religionen. Er unterbreitet in der *Concordia* einen Vorschlag zur Mission der Muslime mit den Mitteln der *Philosophia Christiana*; das ist in gewissem Sinne eine Repristination des Programms, das Raimundus Lullus 250 und Nikolaus von Kues 80 Jahre früher versucht hatten. Mit Hilfe der französischen hohen Politik will Postel mit den Arabern, deren Sprache in fast ganz Afrika und Asien gesprochen werde,[28] ins Gespräch kommen. Er möchte seine *Concordia* ins Arabische und zum Zweck der Judenmission ins Hebräische übersetzen lassen. Die Araber seien Menschen, die viel von Philosophie und den Humaniora verstünden,[29] und sein Buch stelle diejenigen Elemente der christlichen Philosophie dar, die auch den Arabern und Juden einleuchten müssten. Dieses Programm politischer Theologie propagiert Postel

[28] *Concordia*: „tota ferme in Africa & Asia communis est." Unpag. [Bl. 6^v].

[29] Ebd.: „qui in philosophicis & literis humanioribus sunt versati."

zunächst als heilsgeschichtlichen Auftrag der französischen Krone, dann, nach dem Bruch mit dem französischen Hof, als Pflicht des römisch-deutschen Kaisers. Bei beiden Instanzen hatte er keinen Erfolg.

Restitutio omnium

Der Aufbau von *De Orbis Terrae Concordia* ähnelt überraschend stark der *Cribratio Alchorani* des Kusaners, allerdings verwendet Postel kabbalistische und philologische Argumente, die Nikolaus von Kues nicht zur Verfügung standen.

Das erste Buch der *Concordia* ist insgesamt der Entwurf einer *Philosophia Christiana*, mit der Muslime und Juden überzeugt werden sollen. Die Themen dieses Buchs sind Trinität, Kosmologie und Sündenfall sowie Christologie. Postel ist vor allem an der Endphase der Welt, an ihrer Restitution, interessiert – hier kommen seine prophetisch-politischen Ideen zur Geltung.[30] Für Postel ist es ein Indiz der Göttlichkeit des menschlichen Geistes, dass er die Restitutionsbedürftigkeit der Welt einsieht.

Christus leitet nun den eschatologischen Prozess der *Restitutio omnium* ein. An dieser Wiederherstellung der paradiesischen Welt werden die unsterblichen menschlichen Seelen teilhaben. Wir werden am Ende zu derjenigen Glückseligkeit geführt, die uns Gottes Barmherzigkeit gnädig gewährt und in der wir ihm ähnlich werden.

[30] „Vt igitur Deus aeternus per sapientiam, id est filium creauit omnia: ita in instaurationis mysterio longè sublimiore quoad aestimationem, sensus nostros omnino abnegare, uerbisque diuinis fidem adhibere debemus." S. 79.

Missionsregeln für die eine wahre Religion

Das vierte Buch „De falsarum persuasionum ad veram conversione“[31] ist das eigentliche Missionsbuch, in dem die Regeln für die Bekehrung der Muslime und der Juden vorgegeben werden. Postel stellt sich zwar eine staatlich unterstützte Mission vor, aber Zwangsbekehrungen verwirft er als unwirksam. „Was durch Gewalt geschieht, trägt kaum jemals Frucht. [...] Gott will nämlich freie Geister.“[32] Die Argumente, die zur Bekehrung taugen, entnimmt Postel der philosophischen Theologie, die er im ersten Buch dieses Werks vorgestellt hat. Er glaubt, dass den Muslimen der Gottesbegriff, die Trinität und auch die Christologie nahegebracht werden können. Postel mag sich die Bekehrung der Muslime als vergleichsweise einfach vorgestellt haben; im Falle der Judenmission ist er sich offensichtlich bewusst, dass es sich um ein schwieriges Terrain handelt. Der weltgeschichtliche Rahmen, in dem er sich bewegt, ist das 6000-Jahre-Schema des ‚Vaticinium Eliae‘. Selbst brennender Eschatologe, polemisiert Postel gegen die Juden, die das triadische Weltzeitschema nicht christlich deuten wollten: Nicht der jüdische Messias werde am Ende der Zeiten kommen, sondern Jesus Christus werde als Weltenrichter erscheinen.

[31] S. 326.

[32] „Nam quod ui factum est, uix unquam ad frugem proficiscitur. Ideo uera religio uetat, uim cuiquam recto constantique iudicio fieri: & improbat, si quis ui imprudenter adactus ad ueritatem fuerit. Animos enim liberos uult Deus.“ S. 327.

iii. Panthenosia (1547)

Jesuanismus und christologische Eschatologie – Enzyklopädische, buchgewordene Religion – Die Instauration der Gotteswelt und ihr philologischer Prophet

Jesuanismus und christologische Eschatologie

Die *Panthenosia*[33] ist der dogmatische Schlüsseltext Postels. Er behandelt die vollständige Erlösung der Welt durch eine spirituelle Christologie. Postel unterscheidet zwischen Jesus und Christus. Das historisch fleischgewordene Wort ist für ihn Jesus, der Sohn Gottes. Das derzeitige Christentum ist für ihn deshalb nur ‚Jesuanismus'. Die eschatologische zweite Ankunft Christi ist also nicht, wie bei Paulus gelehrt, die äußere Erscheinung der in Jesus Christus bereits vollzogenen inneren Erlösung. Erst der, der am Ende aller Zeiten wiederkommen wird, ist der wahre Christus. Es wird sich mit diesem Schritt die endgültige Realwerdung des Wortes vollziehen. Die göttliche und zugleich kosmische Natur des Menschen, der in Christus geheiligt ist, begreift Postel als göttliches Urbild des Makrokosmos. Dieses Urbild ging mit dem adamitischen Sündenfall verloren und soll in der *Restitutio omnium* wiederhergestellt werden.

[33] Der vollständige Titel auf deutsch: „Panthenosia: Vereinigung aller Zerwürfnisse über die ewige Wahrheit oder Wahrscheinlichkeit, die nicht nur bei denen entstanden und in Geltung sind, die heute Ungläubige, Juden, Ketzer und Katholiken genannt werden, sondern die auch durch die Zulassung der Sünde unsern Verstand verfinstert haben und die bei den Gliedern der besonderen und der allgemeinen Kirche bestehen. Beschrieben von Elias Pandocheus. Vorletzter Posaunenstoß. Es soll nur Richter sein, wer Besseres geben kann." [Basel: Oporinus 1547]. Vgl. Schmidt-Biggemann, *Geschichte der christlichen Kabbala*. Bd. 1, S. 555–565.

Postel sieht sein eigentlich christologisches Amt darin, diesen erlösenden Geist Christi, der die Welt schuf und der sie restituieren soll, im Menschengeschlecht zu wecken. Er sieht diesen Geist im Leben der Natur auch nach dem Sündenfall präsent und mächtig, so „dass die Welt durch diese Gesetze lernt, Jesus zu erstreben, den alleinigen, allgegenwärtigen Urheber jeden Heils, das ein jedes Geschöpf gewöhnlich erfährt. Wenn sie ihn erst gefunden hat, wird sie lernen, ihn zu erkennen, zu verehren und zu lieben."[34]

Enzyklopädische, buchgewordene Religion

Erlösung erhofft sich Postel von einer Art Religionsenzyklopädie, die die Lehrtopoi der monotheistischen Religionen harmonisiert. Da es ihm unmöglich erscheint, alle Abweichungen des Islam und des Judentums vom Christentum im Einzelnen durchzugehen, möchte er die Haupttopoi und die Zentraldogmen des Christentums vorstellen, um sie den anderen Religionen akzeptabel zu machen. In dem merkwürdigen Zwielicht von Postels Spiritualismus laufen hier Wissenschaftspläne und Heilsgeschichte ineinander: Mit seiner Enzyklopädie will Postel das Heil vollenden, das Jesus unvollendet hinterlassen hat. Es handelt sich um ein eschatologisches wissenschaftliches und religionskonziliatorisches Unternehmen.

Seine religiösen Topoi sind katholisch konventionell: Gott, der Mittler, die Engel, die Seele und ihre Teile, die materielle Natur, das Menschengeschlecht, Adam, Melchisedech, Abrahams Glaube, Elias und die Propheten, die Lehren des Neuen

[34] Πανθενωσία: „ut his legibus discat mundus unicum salutis a quamvis creatura expeti solitae authorem JESUM ubivis praesentem reperire, repertum agnoscere, agnitum colere et amare. Hic enim finis est universi. " S. 4.

Testaments, der Primat Petri, Konzilien, Schlüsselgewalt, die Lehre von den Sakramenten, die Heiligen sowie die Gebete zu ihnen, das Jüngste Gericht, die Auferstehung, die Wiederherstellung aller Dinge, das ewige Leben, das vollkommene Reich des Erlösers. Diese Religionstopoi werden den „wichtigsten Gründen der Mohammedaner und der Juden“ entgegengestellt[35] – und natürlich obsiegen die katholischen Argumente.[36]

Es ist das Anliegen Postels, in seiner spirituellen Eschatologie alle Religionen und Stämme zu vereinigen. Er argumentiert dabei typologisch: Der biblische Christus habe auf das Schöpfungswort als auf seinen Wesensgrund verwiesen und dadurch gezeigt, dass er alle Völker und Nationen, Sünder und Heilige vereinte. Diese endliche Beglückung einer spirituellen Einheit besteht für Postel, den spekulativen Philologen, Hebraisten und Arabisten, in der Vereinigung aller monotheistischen Religionen, vor allem in der Vereinigung von Christentum, Judentum und Islam. Diese Verschmelzung ist ein Prozess, der die Weltgeschichte der nachparadiesischen Zerstreuung dadurch

[35] Ebd.: „Quum autem inexhausti sit operis, per singula adferre rationes, quibus excusationem merentur & veniam qui inter haereticos, Ismaelitas, Iudaeos, aut in quamvis classem falsitatis nocivae nota insignem reponuntur: opus est locorum quorundam classibus ordinate exponi capita rerum, quarum falsitatis gratia, ob asseverationem, aut contrariorum impugnationem, sunt homines hactenus censuris separati a praecipuis membris corporis. Sic itaque videbimus: De Deo, De mediatore, De angelis, De anima et eius partibus, De natura materiali, De genere humano, De Adamo, Melchisedec, Fide Abrahami, Elia & profetis: De rebus ad Novum Testamentum spectantibus, De primatu, concilio, & clave: De Sacramentis, Sanctorum statuis, & orationibus: De iudicio, resurrectione, instauratione, vita aeterna, et perfecto Salvatoris regno: De rationibus Muhamedicorum & Iudaeorum praecipuis, & quae contra nos faciunt.“ S. 33 f.

[36] Insgesamt bedient diese Liste die seit Raimundus Lullus gängige Missionstopik; und sie wird später von Campanella weiter fortgeführt. Zur Beziehung von Postel zu Campanella vgl. Johann Kvačala: *Thomas Campanella. Ein Reformer der ausgehenden Renaissance*. Berlin 1909. ND Aalen 1973, bes. S. 78–87.

überwindet, dass er die Menschheit typologisch in den Adam vor dem Sündenfall zurückführt.

Die Instauration der Gotteswelt und ihr philologischer Prophet

Die endgültige Vereinigung aller monotheistischen Religionen hat ihre naturphilosophische Korrespondenz in der letzten Erlösung durch Christus. Für Postel enthält der kosmische Christus als fünfte, umfassend-endgültige Einheit die vier Seeleneinheiten der Welt *(spiritus, mens, anima, corpus)* in sich, die wiederum dem kosmischen Urmenschen Adam entsprechen. Hier wird der kosmische Christus über Jesus von Nazareth hinaus, der die vierte Hypostase der Weltseele verkörpert, als fünfte Hypostase eingeführt. In dieser *Instauratio* der Welt durch den kosmischen Christus vollendet sich die Wiederherstellung, die durch die Vereinigung der Religionen vorbereitet wird. Es ist die Einheit von *spiritus, mens, anima* und *corpus*. Diese Einheit ist die vollzogene Erlösung; und diese Erlösung bildet eine eigene, die fünfte Hypostase. Somit hat der Prozess der *Instauratio* der kosmischen Christologie für Postel eine linguistische, eine naturphilosophische und eine kosmopsychologische Seite: Sprache und Geist durchdringen sich im Prozess der Restitution des primordialen Zustandes der Welt. Postel ist als philologischer Prophet selbst begeisterter Teil dieses Realisierungs-Prozesses. In diesem Geiste verkündet er die kommende Realisierung der spirituellen Einheit aller Religionen im endzeitlichen Christus.

Es gibt in der Frühen Neuzeit, die an religiösen Spekulationen reich ist, keinen Religionsentwurf, der vergleichbare Dimensionen aufruft – Logostheologie, Soteriologie und Eschatologie durchdringen und vollenden gemäß Postels religiös begnadeter Einbildungskraft alle Wesen des Kosmos. Das ist die spekulativ-spirituelle Vollendung der Welt, die Paulus im 1. Brief an die Korinther 15, 28 prophezeit, wo Gott *omnia in omnibus* sein wird.

V. Tommaso Campanella

Campanellas traurige Biographie ist bekannt; wegen Mitwirkung an einem Aufstandsversuch mit eschatologischem Hintergrund war er von 1603 bis 1630 in Neapel eingekerkert; in der Haft hat er unablässig an seinen prophetischen theologisch-politischen Entwürfen gearbeitet. Er war ein prominenter Gefangener, trotz teils schlimmer Kerkerhaft konnte er seinen Besuchern viele Manuskripte mitgeben, die sie handschriftlich und im Druck verbreiteten. Er hat viele prominente Fürsprecher gehabt, dennoch ist er erst 1630 freigelassen worden. Bis 1634 hat er dann in Rom gewirkt und ist, als er unter Häresieverdacht geriet, nach Paris geflohen, wo er von der französischen Krone eine Zeitlang gefördert wurde. Dort ist er 1639 gestorben.

i. Der politische Theologe

Campanella hat sich nach seiner frühen naturphilosophischen Phase, in der er vor allem Bernardo Telesios Naturphilosophie propagierte und weiterentwickelte, zu einem politischen Theologen mit eschatologischen Hauptinteressen entwickelt. Er unterstützte 1603 einen vergeblichen Adelsaufstand gegen die spanisch-neapolitanische Herrschaft mit millenaristischen Argumenten,[37] die die spanisch-katholische Universalherrschaft

[37] Tommaso Campanella: *Monarchia di Spagna.* Prima stesura giovanile, edizione critica a cura di Germana Ernst. Neapel 1989.

als Endzeit der Welt propagierten. An dieser Idee der geistlichen Weltherrschaft, die die fünfte Monarchie und das 1000-jährige Reich umfasste, hat er lebenslang festgehalten. Er hat in seiner 27-jährigen Kerkerhaft in Neapel, in der kurzen Zeit, in der er von Papst Urban VIII. gefördert wurde, und nach seiner Flucht nach Paris 1634 unablässig universalstaatliche Verfassungen entworfen, die die weltgeschichtliche Leitrolle der katholischen Kirche zum Inhalt hatten. Diese Lehre hat er mit mittelalterlichen Prophetien und astrologischen Kalkulationen begründet. In diesem Zusammenhang sind die *Monarchia Hispanica* (1598/1606), die *Articuli prophetales* (1602/1607),[38] die *Monarchia Messiae* (1606/1607)[39] und die apokalyptische Abhandlung *Quod reminiscentur et convertentur ad Dominum universi fines terrae* (*Dass die Welt bis an ihre Grenzen den Herrn des Universums erkennen und sich zu ihm bekehren werde,* 1630)[40] von besonderem Interesse.

---

[38] *Articuli prophetales (1602/1607).* Edizione critica a cura di Germana Ernst. Florenz 1977.

[39] *Monarchia Messiae Iesi (1606/07),* apud Gregorium Arnazzinum 1633. ND Turin: Bottega d'Erasmo 1960, 1973. A cura di Luigi Firpo.

[40] *Quod reminiscentur et convertentur ad Dominum universi fines terrae.* Psalm XXI. Volumen quadripartitum. In prima parte continentur: Legationes ad Coelicolas et Christianos sacerdotes et Reges. In secunda Legationes ad praecipuos Reges Gentilium. In tertia Legationes ad Judaeorum Synagogas et Proceres etc. In quarta Legationes ad Machomethanos. Vgl. die Ausgabe von Romano Amerio: Libri I & II (Padua 1939), liber III: *Per la conversione degli Ebrei* (Florenz 1955), liber IV: *Legazioni ai Maomettani* (Florenz 1960).

ii. De Monarchia Hispanica (1598/1606)

Spanien als habsburgische katholische Weltmonarchie

Die *Monarchia Hispanica* ist das Buch, das Campanella im 17. Jahrhundert bekannt gemacht hat.[41] Weder die naturphilosophischen Schriften noch die *Civitas Solis* haben ein vergleichbares Echo gehabt. Das Buch hat eine so komplizierte Editionsgeschichte, dass bislang keine kritische Ausgabe zustande gekommen ist. Es ist eine Mischung von biblischer Typologie,[42] apokalyptischer politischer Theologie und Prophetie mit politischen Analysen. Es steht in der Tradition der apokalyptischen Quintomonarchisten von Annius von Viterbo über Petrus Galatinus bis Guillaume Postel, später werden sich auf protestantisch-reformierter Seite die prophetischen Apokalyptiker Jacob Böhme, Johann Heinrich Alsted und Johann Amos Comenius anschließen.[43] Zugleich ist es ein Symptom für die

---

[41] Die erste Ausgabe erschien in der deutschen Übersetzung von Christoph Besold 1620 in Tübingen und wurde 1623 mit einem Anhang Besolds über die Universalmonarchie neu gedruckt. Zwischen 1640 und 1709 gab es zahlreiche lateinische, englische und französische Drucke. Vgl. W. Schmidt-Biggemann: „Besold und Andreae. Die Konversions- und Dissoziationsgeschichte aus der Zeit des Dreißigjährigen Krieges". In: *Literatur und praktische Vernunft*. Hg. von Frieder von Ammon, Cornelia Rémi und Gideon Stiening. Berlin/Boston 2016, S. 101–146, hier S. 103. Zitiert wird folgende Ausgabe: *De Monarchia Hispanica*. Francoforti ad Viadrum. Impensis Jeremiae Schrey & Henr. Joh. Meyers. Literis Christophori Zeitleri 1686. Vgl. John M. Headley: *Tommaso Campanella and the Transformation of the World*. Princeton 1997 (das, soweit ich sehe, mit Abstand beste Buch zum Thema); außerdem Germana Ernst: *Tommaso Campanella. Il libro e il Corpo della natura*. Bari 2002.

[42] Dazu gehören Campanellas *Articuli prophetales*.

[43] Cesare Vasoli: *Profezia e ragione. Studi sulla cultura del Cinquecento e del Seicento*. Napoli 1974 und W. Schmidt-Biggemann: *Apokalypse und Philologie. Wissensgeschichten und Weltentwürfe der frühen Neuzeit*. Hg. von Anja Hallacker und Boris Bayer. Göttingen 2007, hier Kap. II („Politische Theologie im Zeichen der

neue Macht der Verwaltungsstaatlichkeit, die sich seit der zweiten Hälfte des 17. Jahrhunderts entwickelte.

Wie in allen christlichen Prophetien ist auch bei Campanella die eschatologisch-weltgeschichtliche Perspektive auf die Bibel typologisch entscheidend. Campanella geht davon aus, dass das 1000jährige Endreich nahe bevorsteht. Das Buch ist deutlich unter dem Eindruck der Expansion des osmanischen Reiches geschrieben und deshalb getragen von einer dominanten antiislamischen Propaganda. Leitidee ist, dass das spanische Weltreich das neue Reich sei, das die danielischen vier Reiche (Dan, Kap. 2 und 7) ablöse und dass seine vordringliche weltgeschichtliche Aufgabe in der Vernichtung des Islam bestehe. Erst dann könne die Weltherrschaft des Katholizismus unter päpstlicher und spanischer Ägide beginnen. Dieser Aufgabe ist die gesamte politische Theologie Campanellas untergeordnet. Campanellas ständige Aufmerksamkeit gilt der Bevölkerungspolitik, die der Rekrutierung des Militärs dient. Er empfiehlt Heiraten zwischen allen Völkern und Rassen, zumal denen, bei denen die Frauen besonders fruchtbar sind. Das Militär spielt bei Campanella eine Schlüsselrolle; er plädiert bei der Rekrutierung von Soldaten dafür, allen Geworbenen, gerade auch den nichtspanischen Untertanen des Königs, Aufstiegschancen im Heer zu eröffnen.[44] Sein Muster ist die Rekrutierung der Janitscharen im osmanischen Reich, wo die kleinen Kinder von den (meist christlichen) Eltern getrennt und in ‚Seminarien' zu lebenslangen Berufssoldaten ausgebildet werden (S. 111). Vor allem geht er davon aus, dass eine Bündnispolitik der christlichen Herr-

Apokalyptik", S. 141–228) sowie Kap. III, 5 („Heilsgeschichtliche Inventionen: Annius von Viterbos Berosus und die historische Genealogie"), S. 301–330. Außerdem Schmidt-Biggemann, *Geschichte der christlichen Kabbala*. Bd. 1 [wie Anm. 2.3], S. 308–383 und Bd. 2 [wie Anm. 2.13], S. 187–234.

[44] Campanella, *Monarchia Hispanica* [wie Anm. 41], S. 116 ff.

scher unter spanischer Ägide die Konfessionsgrenzen in Europa überwinden kann, friedlich oder kriegerisch (S. 8).

Das Ziel von Campanellas Universalmonarchie ist die Weltherrschaft des Katholizismus, die die Spanier erringen sollen. Es habe sich gezeigt, dass das Haus Habsburg durch göttliche Fügung, durch Klugheit und durch Glück zur Herrschaft in Spanien, Deutschland und Italien gelangt sei; die Spanier hätten die Mauren besiegt, Columbus habe die Neue Welt für die Spanier entdeckt – zur Weltherrschaft fehle die Versöhnung mit den Franzosen, Engländern und protestantischen Deutschen sowie der Endsieg über die Türken.

iii. Der Weg in die fünfte Weltzeitmonarchie

Campanellas politische Theologie ist in einen endzeitorientierten weltgeschichtlichen Rahmen gestellt. Er sieht sich und seine Zeit an der Schwelle zur fünften Monarchie. Diese letzte, 1000-jährige Monarchie soll die vierte Monarchie der Daniel-Visionen ablösen. Campanella ist durch und durch von den mittelalterlichen Weltgeschichtsprophetien bestimmt; in den *Articuli Prophetales* hat er seine Quellen aufgelistet. Die vier Monarchien der Weltgeschichte waren Teil der mittelalterlichen Geschichtsallegoresen: Die vier Untiere, die Daniel in seiner Vision (Dan 2 und 7) gesehen hatte, waren als Sinnbilder des assyrischen, persischen, griechischen und römischen Reiches gedeutet worden – das Römisch-Deutsche Reich beanspruchte, dieses letzte, vierte Reich zu sein. Die Johannes-Apokalypse hatte prophezeit, dass vor dem göttlichen Endgericht ein tausendjähriges Friedensreich erstehen würde (Offb 20) – dieses Endreich galt als das Friedensreich, das die Weltgeschichte beschließen sollte. Campanella ist fest davon überzeugt, dass dieses letzte Friedensreich bevorsteht. Es sei evident, dass „sich die Prophezeiung des Weltenendes sowohl im Bezug auf die Natur als auch auf die Politik bald erfüllen werde“[45] Er führt als Beleg numerologische Konstellationen[46] und zahlreiche weitere Prophetien an. Darüber dürfe man nur insgeheim reden, nicht öffentlich.

> Und ich sage, dass das Ende der Monarchie schon gekommen ist, und dass wir schon in dem Zeitalter sind, in dem alles den Heiligen und der Kirche unterworfen sein wird. Es werden die vier Monarchien enden, der Antichrist, der drei und eine halbe [Welt-] Woche überdauern wird, wird sterben, gemäß Lactanz, Irenaeus, Tertullian, Origenes, Hugo und Richard von St. Victor, dem heiligen Bernhard [von Clairvaux], dem Abt Joachim [von Fiore], Dante, Petrarca sowie anderen Theologen, Philosophen, Propheten und Poeten, wie ich anderwärts dargestellt habe.[47]

---

[45] „Prophetiam finis mundi, tam in natura, qvam in arte politica, mox completum iri“. S. 15.

[46] „Imperium Christianum, res sane notatu digna, iam 1600. annos duravit: qui numerus è septenario & novenario compositum, fatalis omni Monarchiae est; quemadmodum Pythagoras & Plato scripserunt, atque ex Moyse etiam intelligi potest, cum de Jubilaeo & hebdomade loquitur; item ex Jerimia in Sabbatismo terrae sanctae; & ex Medicina, circa curationem febris & varietatem complexionum, & aetatum […] Quin & Deus ipse omnem creavit in numero. Hoc igitur tempus magnum vel amplificationem, vel inclinationem & mutationem, in rebus omnibus praesagit.“ S. 15 f.

[47] „Sed ego dico, finem Monarchiarum jam advenisse, & qvod in eo jam aevo simus, qvo omnia Sanctis & Ecclesiae subjici debent; qvod futurum est, finitis quatuor Monarchiis, & mortuo Antichristo, qui tres hebdomadas cum dimidia durabit, secundum Lactantium, Iraenaeum, Tertullianum, Originem, Victorianum [Hugo und Richard von St. Victor], S. Bernardum, abbatem Joachimum, Dantem, Petrarcham, & alios Theologos, Philosophos, Prophetas & Poetas, sicut alibi declaravi.“ S. 19. Campanella bezieht sich hier wohl auf die *Articuli Prophetales*, in denen vor allem Joachim von Fiore prominent figuriert. Vgl. ebd. den Index.

Bedingung für das Eintreten dieses Endreiches ist der Sieg über die Türken. Auch hier bezieht sich Campanella auf biblische Stellen, die auf die politischen Konstellationen seiner Gegenwart appliziert werden. Nach Röm 11:25 f. müssen zunächst alle Heiden bekehrt werden, ehe die Juden in die Kirche ‚heimkehren' werden. Campanella deutet diese weltgeschichtliche Schlüsselstelle neu: Der erste Schritt sei der Sieg über den ‚heidnischen' Islam, der zum Christentum konvertiert werde. Die Bekehrung der Juden sei im spanischen Reich spätestens seit 1492 erfolgt, seit dem Jahr, in dem Gott den Spaniern auch die Entdeckung Amerikas gewährte. Die Konversion der Juden werde in der neuen Universalmonarchie vollendet.

Der zunächst notwendige Sieg über den Islam wird mit der biblischen Prophetie aus dem apokryphen vierten Buch Esra begründet. Nach dieser pseudepigraphischen biblischen Vision ist die Weltherrschaft durch einen Adler mit drei Köpfen symbolisiert.[48] Campanella deutet dieses Bild gegenwartspolitisch: der westliche Kopf sei das Römisch-Deutsche Reich, der andere, östliche, das Reich der Türken und Sarazenen, der Kopf in der Mitte symbolisiere Konstantinopel. Nun besage die Prophetie Esras,[49] dass der linke (der türkische) Kopf den mittleren fresse, und das sei unter Mehmed II. geschehen, der Konstantinopel erobert habe. „Nach demselben Propheten ist noch übrig, dass der rechte Kopf, das ist der deutsche, den linken, nämlich den türkischen, auffresse."[50]

---

[48] *Viertes Buch Esra*, fünftes Gesicht, S. 11 f.: „Der Adler aus dem Meere, er hat zwölf befiederte Flügel und drei Häupter." Vgl. *Die Apokryphen und Pseudepigraphen des Alten Testaments*. Hg. von Emil Kautzsch. Bd. 2: *Die Pseudepigraphen*. Tübingen u. a. 1900, S. 390–395.

[49] Dies findet sich in der Fassung bei Kautzsch nicht.

[50] *Monarchia Hispanica* [wie Anm. 41]: „Iam reliquum est, teste eodem Propheta, quod dextrum Occidentale, qvod est Germanicum, devorat sinistrum, Turci-

Campanella macht für diesen Krieg gegen die Türken strategische Vorschläge Er ist davon überzeugt, dass die Spanier mit ihrer militärischen Disziplin die Türken besiegen könnten, vorausgesetzt, sie berücksichtigten die politisch-militärischen Ideen, die er entwickelt habe, nämlich die Integration der gesamten Bevölkerung des spanischen Weltreichs in Heer und Verwaltung, sowie die häufige Anwesenheit des Königs im Heer. In der *Civitas Solis* hat er diese Militärpolitik ausführlich entwickelt.[51]

Das Haus Österreich, das ja beim Heiraten territorial so erfolgreich sei – *alii belli gerant, tu, felix Austria, nube* – solle die Heiratspolitik auch auf die arabischen Staaten ausdehnen, um sie so zur Christianisierung vorzubereiten. Aber vor allem solle der spanische König für ein Bündnis zwischen den Persern und dem Priesterkönig Johannes sorgen, damit die Reichtümer des Ostens nicht auf dem Wege über die Türkei in den Westen kämen, sondern an ihr vorbei. Dann könnte, gemeinsam mit den Äthiopiern – offensichtlich das Reich des Priesterkönigs Johannes – auch Jerusalem, „ubi Christi servatoris nostri sepulchrum est",[52] erobert werden. Dann findet, wie am Ende der babylonischen Gefangenschaft des Volkes Gottes, eine neue, christliche Besiedlung Jerusalems statt: „Die Türkenherrschaft, deren Typus Cyrus ist, wird ausgelöscht und die Kirche erneuert".[53]

---

cum videlicet." S. 20. Diese Prophetie findet sich noch einmal in Kapitel 30: „De Magno Turca, eiusque Imperio", S. 325.

[51] Vgl. W. Schmidt-Biggemann: „Die Rolle des Militärs in Campanellas *Civitas Solis*". In: *Politische Utopien der Neuzeit: Thomas Morus, Tommaso Campanella, Francis Bacon*. Hg. von Ottfried Höffe. Berlin 2016, S. 127–137.

[52] *Monarchia Hispanica*, Kapitel 30, S. 334.

[53] „Turca autem, qvi typicus Cyrus est, extincto, Ecclesia renovabitur". S. 341 f.

iv. Das Friedensreich und die Civitas Solis

Nach dem Endsieg über die Türken und der Vereinigung der christlichen Religionen soll die paradiesische Universalmonarchie eintreten. Die Religion dieses Friedensreichs ist in der *Civitas Solis* dargestellt,[54] in den *Articuli Prophetales*[55] hat Campanella die *Civitas Solis* als die Verfassung des beim Propheten Jesaia (Jes 11,6) vorhergesagten Säkulums beschrieben, in dem der Wolf friedlich neben dem Lamm liegt und der Panther neben dem Böcklein. „Kalb und Löwe weiden zusammen, ein kleiner Knabe kann sie hüten“ (*Artic.* S. 87).

Es sei prophezeit, vor dem Ende der Welt werde es eine *felicissima respublica monarchica* geben (S. 80). Die Theologen redeten davon, dass der Messias wiederkommen werde um den Status der Unschuld wiederherzustellen. Die Verfassung dieses Staates habe er in seiner *Monarchia Messiae et Christianismi* dargestellt (S. 81). Die Wiederherstellung des Paradieses sei ein allgemeiner philosophischer Wunsch: Sokrates, Pythagoras und Plato, Philo, Clemens von Alexandrien, Ambrosius und Augustinus (S. 83) hätten ihn gleichermaßen gehegt. Dieses Endreich sei das Säkulum, in dem die Civitas Solis verwirklicht werde. Campanella zitiert erneut den Propheten Jesaia (Jes 65,20): „Dort gibt es keinen Säugling mehr, der nur wenige Tage lebt, und keinen Greis, der nicht das volle Alter erreicht; wer als Hundertjähriger stirbt, gilt noch als jung,

[54] *Civitas solis* wurde zuerst 1602 italienisch geschrieben, es existiert auch eine zweite Fassung von 1611 (diese beiden Fassungen wurden erst 1920 von Giuseppe Paladino kritisch ediert). Die lateinische Version *Civitas solis. Idea reipublicae philosophicae* [1613], die allein wirkungsvoll war, erschien zuerst 1623 (als Anhang zur *Realis Philosophia epilogistica Campanellae*) in Frankfurt und dann 1638 in Paris.

[55] *Articuli Prophetales* [wie Anm. 38]: „Appendix respondens philosophis et machiavellistis“. S. 118 ff.

und wer nicht hundert Jahre alt wird, gilt als verflucht". Und er erläutert:

> Hier spricht Jesaia über Tod und Geburt in der Weise, wie ich sie in der *Civitas Solis* unter der Herrschaft der Sterne beschrieben habe, dass nämlich die Eltern sich vereinigen, nachdem sie von ihren Sünden befreit sind; was nicht im Paradies (außer im mohammedanischen) stattfinden wird. Also ist der Sinn des Prophetenwortes realhistorisch, und er betrifft die irdische Existenz, nicht den Himmel – er ist also nicht anagogisch.[56]

Hier wird deutlich, dass der Sonnenstaat als Verfassung des 1000-jährigen Reiches konzipiert ist, in der Natur und Religion übereinstimmen.[57] Campanella wird nicht müde, Prophetenstellen als Beleg seiner millenaristischen Endzeitutopie anzuhäufen: zunächst aus der Bibel, dann aus den Vätern, schließlich aus mittelalterlichen und neueren Propheten: Joachim von Fiore (*Artic.* S. 113 f.), Birgitta von Schweden (S. 109–112) und Vinzenz Ferrer (S. 112 f.).

Die Verfassung des kommenden Reichs und seine Religion sollen durchaus katholisch sein, aber es soll ein Katholizismus sein, der zugleich den Gesetzen der Natur, d. h. der Astrologie, entspricht und eine Papstherrschaft ist, die sich als vernünftig und universal zeigt.

---

56 Ebd.: „Hic Isaias loquitur de morte et de generationis modo qualem ego descripsi in *Civitate solis* sub felicibus astris, quando parentes purgati scelere in nomine Dei coeunt, quod non erit in Paradiso, nisi machometico. Ergo sensus prophetae est historicus, et in terra ponit haec, et non in coelo; ergo non anagogicus est." S. 89.

57 Die Aufgabe des goldenen Zeitalters bestehe „in legem naturae restituendam" (S. 174).

Die *Monarchia Hispanica*, die *Articuli Prophetales* und die *Civitas Solis* verfolgen dasselbe millenaristische Konzept: Die Religion, die Campanella hier konzipiert, ist zugleich trinitarisch und natürlich verfasst. Leitbild ist die kommende ‚Monarchia Messiae'.[58] Für dieses Ziel soll der gegenreformatorische Katholizismus so flexibel sein, dass er für das kommende tausendjährige Reich vorbereitet ist.

Die Sonnenstadt, die Verfassung der ‚Monarchia Messiae', bildet das perfekte Universum ab. Sie ist in sieben Ringe mit doppelten Mauern eingeteilt, die die Planetenbahnen symbolisieren. Die Innenseiten der Mauern sind Paläste, deren Mauern mit Bildern geschmückt sind, das Programm dieser Bilder ist vom Minister für Weisheit festgelegt. Der Berg der Sonnenstadt besteht oben aus einer ebenen Fläche, darauf erhebt sich ein runder Tempel, der von einem Gewölbe mit Laterne gekrönt ist. In der Mitte befindet sich ein Altar mit einer großen Kugel, die das Firmament darstellt, und eine kleine Kugel, die die Erde abbildet. Die Kuppel ist innen mit Sternen von der ersten bis zur siebten Größe ausgeschmückt. Sieben Leuchten symbolisieren die sieben Planeten. In der Laterne der Kuppel zeigt eine Wetterfahne die 36 Windrichtungen an. Unter der Fahne wird ein mit goldenen Lettern geschriebenes Buch aufbewahrt. 40 Priester und Mönche wohnen in diesem Tempel.

[58] *Monarchia Messiae Iesu* [wie Anm. 39], Kap. 5: „Propositio vniversalis de Vnitate Regni Messiae; & de potestate Summi Sacerdotis, eiusdem Vicarij & Locum tenentis".

v. Christlich-kosmologische Theokratie

Campanella stellt das gesamte Arsenal einer kosmologisch-theokratischen Symbolik vor – diese Theokratie ist die Verfassung des endzeitlichen Katholizismus. Der Staat wird allein von Priestern regiert. An der Spitze steht der Sonnenpriester Metafisico (Hoh/Sol), der dem Papst entspricht, wie in der *Monarchia Messiae* erläutert wird. Er wird von drei Regenten unterstützt, Pon (Macht), Sin (Weisheit) und Mor (Liebe). Diese Dreiheit halbpersonaler Allegorien verwaltet die ihr zugehörigen Ressorts.

Dem Ressort der Weisheit unterstehen alle freien und mechanischen Künste und Wissenschaften sowie der gesamte Gelehrtenapparat; pro Fach je ein Beamter: ein Astrologe, ein Kosmograph, ein Arithmetiker, Geometer, Historiograph, Poet, Logiker, Rhetoriker, Grammatiker, Arzt, Physiologe, Politiker und Moralphilosoph – und für alle gibt es nur ein Buch, in dem alle Wissenschaften leicht und fasslich zusammengestellt sind. Das entspricht der Wissenschaftspolitik der *Monarchia Hispanica*.[59] Dieses Buch wird „nach Art der Pythagoreer" dem Volk vorgelesen.

---

[59] Campanellas ‚Wissenschaft' ist strikt katholisch und antiphilologisch – d.i. vor allem antiprotestantisch, denn die protestantische Philologie hat die katholische Kirche zersetzt. Offensichtlich ist Campanella der Ansicht (wie Telesio), dass die aristotelische Philosophie unchristlich und naturphilosophisch untauglich ist. Seine Wissenschaftsvorschriften (vgl. *Monarchia Hispanica* [wie Anm. 41], S. 78–81) sind strikt und entsprechen dem Wissenschaftskonzept der *Civitas Solis*: 1. Konversionsverbot für Wissenschaftler. 2. Die Theologen müssen strikt nach den Heiligenfesten und Wochentagen ihre Gottesdienste feiern. 3. Wissenschaften sollen platonisch und stoisch sein, nicht aristotelisch. Er empfiehlt Telesio. 4. Naturwissenschaften anstelle von Scholastik. 5. Strikt christliche Schulen. 6. Vereinheitlichung der Justizreform nach dem Muster Justinians 7. Hebräisch- und Griechischstudien sind abzuschaffen, stattdessen sollen Arabisch und Türkisch gelehrt werden, um die Konversion der Muslime zu beschleunigen. 8. Einrichtung von

Außerdem ist die ‚Weisheit' für die Bemalung der Mauerwände der sieben Ringe zuständig, die eine Enzyklopädie des Wissenswerten darstellen: Der erste Ring zeigt mathematische Figuren und Erklärungen in Versform – mehr als bei Archimedes und Euklid. Es folgt die Geographie: Darstellungen der Heimat und der Erde. Danach: Mineralogie, Flüsse und Seen, Meteorologie, Flora in der Beziehung zu den Metallen und Himmelskörpern und den menschlichen Gliedern; Wassertiere und ihre Symbolik; Vögel (inklusive Phönix); Kriechtiere und Landtiere. Es folgen die mechanischen Künste mit den Namen ihrer Erfinder, schließlich ein Heiligenkalender bedeutender Erfinder, Techniker und Gesetzgeber, u. a. Moses, Osiris, Pythagoras, sogar Mohammed, „indessen hassen sie diesen als lügenhaften und schmutzigen Gesetzgeber".[60] „Am würdigsten Platze jedoch sah ich das Bildnis Jesu Christi und die Bilder der zwölf Apostel, die sie für besonders ehrwürdig und für große Menschen halten."[61]

Der Katholizismus, wie er in der Civitas Solis imaginiert wird, ist bereits zu einer zentralistischen Astral- und Naturreligion mutiert. Campanella selbst hat aber offensichtlich gemeint, hier eine politische Theologie zu beschreiben, die den römischen Katholizismus als Religion der spanischen Universalmonarchie geeignet erscheinen ließ.

Mathematikschulen, vor allem Geographie und Cosmographie, Astronomie, Astrologie.

[60] *Sonnenstaat deutsch.* In: *Der utopische Staat. Morus – Utopia. Campanella-Sonnenstaat. Bacon – Neu Atlantis*, übersetzt und mit einem Essay „Zum Verständnis der Werke", mit Bibliographie und Kommentar hg. von Klaus J. Heinisch, Reinbek bei Hamburg 1960, S. 122.

[61] Ebd. (Übersetzung geändert); Lateinisch Frankfurt 1623, ND Turin 1975, S. 422: „At in loco dignissimo JESU CHRISTI vidi effigiem, ac duodecim Apostolorum, quos dignissimos reputant, magnosque faciunt."

vi. Endzeitreligionen

Handelt es sich bei Campanella um den Entwurf einer Universalreligion? Diese Religion ist in ihrer Struktur eine Priesterherrschaft, hierarchisch und in diesem Sinne römisch-katholisch. Aber sie ist zugleich eine natürliche Religion; die positive Offenbarung spielt keine Rolle. Mit ihrem prophetischen Drall zur messianischen Universalmonarchie geht sie weit über die Vorstellungen einer natürlichen Religion hinaus, denn es handelt sich hier wesentlich auch um politische Theologie.

Diese konkrete historisch-politische Dimensionierung unterscheidet Campanellas Religionsentwürfe von den andern drei Konzepten, die hier vorgestellt worden sind. Alle haben freilich eine missionarische Agenda. Raimundus Lullus kommt es offensichtlich darauf an, mit Hilfe seiner Entdeckung eines Alphabetum der ersten Begriffe, die ihm die Dame Weisheit offenbart hatte, zunächst einen allgemeinen Monotheismus zu beweisen. Er stellt hier die vernünftig-kombinatorische Religion als Basis der drei abrahamitischen Offenbarungs-Religionen vor; zwischen diesen fällt er noch keine Entscheidung. Aber er wird sich später anheischig machen, auch die christliche Dogmatik als schlechterdings vernünftig zu beweisen und so als endgültig zu bestimmen. Das Christentum ist für ihn überzeugend, weil es zugleich offenbart, heilswirksam und vernünftig ist.

Nikolaus von Kues vertraut auf die endgültige Einsicht in ewige Wahrheiten. Die philosophisch-theologische Spekulation leistet für ihn völlig selbstverständlich den Beweis für die trinitarische Dynamik Gottes, die er aus der pythagoreischen Zahlentheorie ableitet. Dieses Musterstück von Dogmatik und Spekulation bietet für ihn die intellektuelle Orientierung dafür, dass auch die offenbarte Lehre von der Fleischwerdung des Worts mit allen mariologischen Implikationen am Ende spekulativ einzuholen ist; die Zeit, in der diese Wahrheiten einsichtig und in der alle jüdischen und muslimischen Einwände gegen das Christentum im Jahr aufgehoben sein werden, ist das 1000jährige Reich der Gerechten, das nach seinen Berechnungen 1735 anbrechen wird.

Guillaume Postel baut zwar formal auf Nikolaus' von Kues Spekulationen auf, aber er entwickelt einen prophetischen Messianismus, der weit über die Spekulationen des Kusaners hinausgeht. Postel sieht sich als Messiasphilologen, als erneuerte Inkarnation des Worts, der das Christentum zur buchgewordenen, alle Religionen umfassenden Universalreligion weiterentwickelt. Er ist der inspirierte Verkünder dieses Überchristentums, er sieht sich an der Schwelle zum neuen Zeitalter, und er fordert die christlichen Obrigkeiten auf, diese neue Zeit politisch dadurch zu ermöglichen, dass sie die Muslime christianisieren und damit die Bedingung für die Bekehrung der Juden schaffen.

Campanellas Entwurf schließt hier an; er ist in seinen Visionen politischer und konkreter als Postel. Seine Universalreligion hat ihren historisch-politischen Ort im Universalkönigtum der spanischen Monarchie. Diese Universalmonarchie begreift Campanella als prophetisch vorhergesagt; sie ist das tausendjährige Reich des Friedens, das Reich, das gemäß Offb 20 dem endgültigen Weltgericht vorausgeht. Die Verfassung dieses Reichs ist in der *Civitas Solis* konzipiert. Ob dieser Staat auch ein Reich des Glücks ist, mag man unter modern-individualistischen Freiheitskriterien allerdings bezweifeln.

Ist ein solches universales Christentum überhaupt wünschenswert? Wenn man sich die politischen Implikationen dieser utopischen Welteinheitsreligion ansieht, sind sie vor allem mit einem Moment der modernen liberalen Staatlichkeit schwer zu vermitteln, und das ist ausgerechnet das zentralste Konstituens: die individuelle Freiheit. Die politische Freiheit darf sich um die Inhalte der Religion nicht kümmern, sofern diese die staatlichen diesseitigen Gesetze nicht tangieren. Wie steht es mit der geistlichen Freiheit? Lassen sich politische und geistliche Freiheiten so sauber trennen? Die Politik ist von dieser Welt, sie ist erfahrungsgemäß bekömmlicher, wenn sie sich um die künftige Welt nicht kümmert und die Orientierung am Jenseits der Freiheit des einzelnen überlässt. Wie aber diese individuelle Freiheit mit der rhetorischen Suggestivität von Missionsanstrengungen vermittelbar ist, die ja mit der kommenden himmlischen Vollendung locken, ob der Konkurrenzanspruch der Religionen auf die ewige Seligkeit und der zugehörige Entscheidungsdruck mit der politischen Freiheit koinzidiert, überhaupt koinzidieren kann, bleibe dahingestellt. Die ewige Seligkeit ist kein Gegenstand der Politik – ist sie einer der menschlichen Freiheit?

5. Geistliche Geologie. Eine kleine Geschichte der Sintflut

i. Die biblische Erzählung

Der biblische Bericht über die Sintflut erzählt die eigentliche Urgeschichte der Menschheit.[1] Er insinuiert, hier geschehe der Übergang von der nachgerade zeitlosen Welt des Paradieses und der unmittelbaren nachparadiesischen Epoche, in der sich Himmel und Erde trotz der Ursünde noch nahe waren, in die historische Kultur- und Weltgeschichte der Völker. Aber zunächst wird, da die Welt schon viele Generationen alt ist, von den Sünden der nachparadiesischen Menschen und der Engel berichtet, die den Zorn Gottes über seine eigene Schöpfung erregten und seinen Beschluss provozierten, die Menschen in einer Urflut zu ertränken. Aber inmitten der Vernichtung der boshaften Menschheit, die Gott eigentlich als sein Ebenbild erschaffen hatte, gibt es eine Rettungsaktion für den einzigen Gerechten und seine Familie in einem heiligen Kasten. Keine Vertreibung aus dem Paradies, sondern ein Entkommen aus dem Strafgericht Gottes. Der Neuanfang der Weltgeschichte geschieht unter dem Symbol des Regenbogens als Versöhnung von Gott und Noah durch einen Bundesschluss Gottes mit den Menschen, die erneut als Gottes Ebenbild bestimmt werden, und durch die ‚noachidischen' Gebote. Jetzt entwickeln

---

[1] Vgl. die frühere Fassung dieses Textes unter dem Titel: „Die Sintflut als Naturkatastrophe schlechthin". In: *Naturkatastrophen. Deutungsmuster vom Altertum bis zur Neuzeit.* Hg. Von Andreas Höfele u. Beate Kellner. Paderborn: Brill/Fink 2023, S. 39–64.

sich Landwirtschaft und Kultur, jetzt entsteht die geschichtliche Völkervielfalt.

Der Bedeutung dieses Textes entsprechend sind die Schriften zur Sintflut (Gen 6–10) unüberschaubar zahlreich. In der exegetischen und homiletischen Tradition hat diese Schlüsselgeschichte Stichworte für eine vielfältige Auslegung geliefert. Seit Philon von Alexandrien sind Kommentare der Sintflut überliefert, in der rabbinischen Tradition, bei den griechischen und lateinischen Kirchenvätern, in der mittelalterlichen Exegese, in der Weltgeschichtsspekulation der Renaissance, in der Natürlichen Theologie der Aufklärung und noch in der Geo-Biologie des 19. Jahrhunderts.[2]

Haupttopoi

Die vier Genesiskapitel ab Gen 6 erzählen gewissermaßen die zweite Schöpfung des Menschengeschlechts; sie sind konkreter als der Beginn der Genesis und entfalten ausführlich die zweite Urgeschichte der Menschheit. Die wichtigsten Topoi: 1. Wiederholte Sünde des Menschen (Erbsündenverdopplung). 2. Gottes Reue über die Schöpfung, Strafe für die sündige Menschheit. 3. Der eine Gerechte Noah und seine Familie.

[2] Einige Autoren und Titel: Philon *(Mosis Leben)* und Flavius Josephus *(Jüdische Altertümer)*, *Bereschit Rabba* (XXVI–XXXVII), Origenes *(Hom. in Genesim)*, Gregor von Nazianz *(Hexaemeron)*, Gregor von Nyssa *(In Hexaemeron)*, Ambrosius *(Buch über Noah und die Arche)*, Chrysostomos *(Hom. in Genesim)*, Augustinus *(Gottesstaat)*. Für das Mittelalter wären zu nennen Beda Venerabilis, Rupert von Deutz, Hugo von Sankt Viktor (Genesiskommentar, *Arca Noe mystica*), Nikolaus von Lyra (Genesiskommentar), Tostatus (= Alonso Fernández de Madrigal, Genesiskommentar), für die Frühe Neuzeit Annius von Viterbo (*Antiquitates*, als ‚Berosus‘), Thomas de Vio Cajetan (Genesiskommentar), Benedictus Pererius (Genesiskommentar), Athanasius Kircher *(Arca Noe)*, Gilbert Burnet *(Telluris Theoria Sacra)*.

4. Die Arche – Ausmaße und Form. 5. Tierlisten für die Arche. 6. Wasser-Katastrophe: 40 Tage Regen von oben und Überflutungen aus den Wasserspeichern der Erde. 7. Neuanfang – Symbolik von Taube und Regenbogen, Opfer Noahs. 8. Noachidische Gebote. 9. Ackerbau: Wein und Trunkenheit, Segen und Fluch Noahs über seine Söhne. 10. Völkerlisten.

ii. Die Exegese der Sintflut nach dem Sensus historicus

Von den vielen möglichen Deutungen dieser Haupttopoi beschränke ich mich strikt auf den Sensus historicus und kümmere mich nicht um die tropologische, moralische, anagogische Exegese, auch nicht um Typologien. Aus den vielen möglichen ‚historischen' Deutungen wähle ich die biblische Chronologie und die naturkundliche Exegese aus, die in der Hauptsache darin besteht, zu erklären, woher das viele Wasser kommt, das für die physikalische Erklärung der Sintflut erforderlich ist.

Biblische Chronologie – Meteorologie der Sintflut: Wo kommt das viele Wasser her? – Philon, Augustinus und Hugo von St. Viktor: Woher das viele Wasser? – Benedictus Pererius: Enzyklopädie der Sintflut

---

Biblische Chronologie

Die christliche wie die jüdische Exegese geht von einem Gesamtalter der Welt von 6000 Jahren aus.[3] Dieses 6000 Jahres-Schema der Welt erwies sich als außerordentlich stabil – es hielt

[3] Diese Zahl ist nicht biblisch, sie stammt aus dem Talmudtraktat *Sanhedrin* 97a:

bis ins 19. Jahrhundert.[4] Im Rahmen dieser Weltgeschichte fand die Sintflut nach der hebräischen Bibel, der Torah, im Jahr 1656, nach der griechischen Fassung, der Seputaginta, im Jahr 2366 nach der Weltenschöpfung statt. Die Begründung für diese Differenz liegt darin, dass die Septuaginta eine andere Generationenzählung hat als die hebräische Bibel.

Meteorologie der Sintflut: Wo kommt das viele Wasser her?

Das Hauptproblem bei allen ‚historischen' Interpretationen der Sintflut[5] besteht darin zu beschreiben, woher denn das viele Wasser komme, das die Welt so vollständig überflutete, dass es „fünfzehn Ellen über den höchsten Bergen" stand. Ich streife zunächst nur einige charakteristische antike und mittelalterliche Interpretationen und beschäftige mich dann ausführlicher mit dem gründlichen und ausführlichen Genesis-Kommentar des Jesuiten Benedictus Pererius, ehe ich die proto-geologische Theorie von Thomas Burnet von 1681 vorstelle.

Philon, Augustinus und Hugo von St. Viktor: Woher das viele Wasser?

Philon gibt in seiner *Vita Mosis* (lib. 2) drei Gründe für die Flut an: eine Sturmflut, Hochwasser der Flüsse und langanhaltende Regenfälle. Das sind physikalische Erwägungen, die immer wieder

---

„Die Schule des Eliahu lehrt: Sechstausend Jahre Welt, zweitausend Chaos, zwei tausend Torah, zwei tausend die Tage des Messias."

[4] Vgl. W. Schmidt-Biggemann: *Der Dämon des 19. Jahrhunderts*. Stuttgart Bad Cannstatt 2021, Kap. 1.

[5] Zur Terminologie: hebr. *makul*. 40 Tage Regen von oben (Katarakt) und von unten (Kataklysmos). ‚Sintflut' kommt von mhd. *sin* = ‚immer, überall', daraus wurde volksetymologisch ‚Sündflut'.

geäußert werden; Philon übergeht freilich die Schwierigkeit, dass nahezu unendliche Mengen Wasser benötigt werden, um die höchsten Berge zu überfluten, aber genau das behauptet der biblische Text.

In *De Civitate Dei* (lib. 15, c. 26 f.) besteht Augustin darauf, dass der biblische Text nicht nur allegorisch zu verstehen sei, sondern auch historisch. Arche und Sintflut, stellt er fest, sind weder bloß geschichtliche Tatsachen ohne allegorische Bedeutung noch bloße Allegorien ohne geschichtliche Grundlage. Mit dem Anspruch freilich, die Sintflut als historische Tatsache zu erklären, sieht sich Augustin mit dem Problem konfrontiert, dass das Wasser über die höchsten Berge steigen muss.

Augustins Erklärungs-Variante bringt die dichteren und leichteren Elemente ins Spiel, ohne aber wirklich erläutern zu können, woher das viele Wasser kommen soll:

> Die Vertreter der Meinung hingegen, es handle sich überhaupt nicht um Tatsachen, sondern nur um Sinnbilder, berufen sich zunächst darauf, daß eine Überschwemmung, bei der das Wasser noch fünfzehn Ellen über die höchsten Berge emporstieg, nicht habe stattfinden können im Hinblick auf den Gipfel des Berges Olympos,[6] über dem sich, wie sie angeben, keine Wolken befinden können, da hier, in solcher Höhe des Himmels, nicht mehr unsere dichtere Luft anzutreffen sei, in der sich Nebel und Regenwolken bilden. Sie lassen dabei nur außer Acht, dass selbst das dichteste aller Elemente, die Erde, dort anzutreffen sein könnte. Oder aus was sonst sollte der Gipfel des Berges bestehen? Also hätte nach diesen Elementen-Messern und -Wägern, die doch selbst erklären, daß

[6] Der Olymp ist fast 3000 Meter hoch.

> das Wasser über der Erde sei und leichter als sie, zwar die Erde, nicht aber das Wasser bis zu jenen Himmelshöhen emporsteigen dürfen? Da wäre man doch auf die Begründung gespannt, weshalb sich die schwerere und tiefer befindliche Erde in das Gebiet des ewig heiteren Himmels so viele Jahrtausende hindurch eindrängen konnte, während ein gleiches auch nur auf kurze Zeit dem leichteren und höher befindlichen Wasser verwehrt werden sollte.'[7]

Aber was ist mit der Feststellung gewonnen, dass Wasser leichter als Erde ist? Meint Augustin, dass auch die Wolken Wasser seien, weil es daraus regnete? Dann aber vernachlässigt er den Unterschied zwischen Wolken, in denen Menschen und Landtiere überleben können, und dem flüssigen Element, in dem das genau nicht möglich ist. Seine aggressive Rhetorik löst das physikalische Problem nicht, das er hat, wenn er den Sensus historicus der Sintflutgeschichte erklären will.

Hugo von Sankt Viktor versucht im 12. Jahrhundert in den *Annotationes elucidariae in Genesim* mit einer anderen Variante, den Sensus historicus der Sintfluterzählung zu retten. Er erwägt im Bezug auf den Abyssus, aus dem die Wasser der Erde quollen, dass die Erde in das Ur-Wasser zu Beginn der Schöpfung (Gen 1,2) zurückverwandelt worden sei, über dem der Geist Gottes schwebte. Mit dieser Zurückverwandlung der Schöpfung in ihren Urzustand könne die Sintflut erklärt werden. Er bedenkt zusätzlich, dass das Wasser, das sonst als Dampf die himmlischen Feuer gesänftigt habe, auf der Erde zurückgeblieben sei. Und für die Katarakte des Himmels, die sich laut biblischem Text geöffnet hätten, überlegt er, dass sich

[7] Augustinus: *De civitate Dei*. Übers. von Alfred Schröder. In: *Schriften*. Bd. 2. Kempten und München: Pustet 1922 (Bibl. der Kirchenväter, Bd. 16), S. 425.

die himmlischen Wasser – gemeint sind wohl die Wasser über dem Firmament laut Gen 1,7 – auf die Erde ergossen hätten. Allerdings ist er sich über die spekulative Natur seiner Exegese im Klaren. Beides, sowohl die Rückverwandlung in das Urwasser als auch die Identifikation der Wasserfluten mit den Wassern über dem Firmament sei zweifelhaft.[8]

Benedictus Pererius: Enzyklopädie der Sintflut

Der Kommentar des spanischen Jesuiten Peirera[9] ist der ausführlichste, der mir zu Noah und der Sintflut bekannt geworden ist. Er umfasst acht Bücher und behandelt die gesamte Motivpalette der Sintflutinterpretationen. Man kann ihn wohl als Summe der scholastisch-exegetischen Gelehrsamkeit zu Beginn der Frühen Neuzeit fassen, denn Pereira hat enzyklopädisch alle Topoi und alle Quellen versammelt, die zur Verfügung standen, christlich, jüdisch, pagan, er mustert sie sämtlich *more scholastico* und gibt je am Ende eines Abschnitts, in

[8] Hugo von Sankt Victor: *Annotationes Elucidariae in Genesim.* In: Opera omnia tribus tomis digesta. Rouen 1648. Bd. 1, S. 19a D; „Quaeritur, utrum ex solis illis aquis, quae tunc erant factum sit diluvium, an aer, & cetera elementa conversa sint in aquas, tam pluviales, quam labiles, quibus factum sit diluvium? Quod quidem dubium est, sicut, & illud quando scil. aquae vaporaliter eriguntur ad superiora, ad temperandum superiorem calorem, utrum minuatur aqua, an tantundem inferioribus remaneat. Cataractae apertae sunt. Quidam volunt firmamentum apertum fuisse, & super Coelestes aquas descendisse per pluvias: quod dubium est similiter."

[9] Zu Pererius (Pereira) s. oben Kap. 3, Abschnitt ii, am Ende. Seine *Commentationes in Genesim* erschienen in vier Bänden Rom 1591–1599. Richard Simon hat die *Commentationes* sehr geschätzt (vgl. seine *Histoire critique du Vieux Testament* [s. unten Anm. 6.11]). Pereira debattierte am Collegium Romanum heftig mit seinem Ordenskollegen Christoph Clavius über die Bedeutung der Mathematik. Zitierte Ausgabe: *Commentarii et disputationes in Genesim.* Bd. 2. Köln: Antonius Hierat 1601.

dem die Quellen dargestellt wurden, sein Urteil ab. Seine Themen (S. 374) sind 1. Die schändliche Vermischung der Söhne Gottes mit den Töchtern der Menschen. 2. Lob Noahs. Über diejenigen, die in der Sintflut ertranken. 3. Die Arche Noah nach ihrer historischen, allegorischen und tropologischen Bedeutung. 4. Die Insassen der Arche, Menschen sowie Tiere und deren Nahrung. 5. Der Beginn, das Anschwellen und die Höhe der Sintflut. 6. Das Abschwellen und das Ende der Sintflut, das Opfer, das Noah Gott darbrachte, gleich nachdem er die Arche verlassen hatte. 7. Die Erlaubnis für die Menschen nach der Sintflut, Fleisch zu essen und das Verbot, Blut zu sich zu nehmen. Die Bedeutung des Regenbogens, dass es nie wieder eine Sintflut geben werde. Die Trunkenheit und die Nacktheit Noahs. Die Verfluchung und die Segnung seiner Söhne. 8. Die Vermehrung der Menschen, die von den drei Söhnen Noahs stammten, nach der Sintflut. Der Ursprung der ersten heidnischen Völker und Reiche.

Aus der Themenfülle, die Pereira in seinem Kommentar behandelt, wähle ich auch hier wieder nur die historische Deutung in Nr. 5. Es geht hier um die Datierung der Sintflut und um die naturphilosophische Interpretation, woher denn das viele Wasser komme. Pereira ist in der Chronologie sehr sorgfältig; er listet die in der hebräischen Bibel und der Septuaginta unterschiedlichen Altersangaben der Generationen aus Gen 5 zwischen Adam und Noah auf,[10] diskutiert sie gründlich und

[10] Hebräische Bibel/Vulgata (*Comm.*, S. 354, Nr. 118): „Adam, cùm genuit Seth, erat annorum 130. Seth, cum genuit Enos, erat annorum 105, Enos 90, Cainan 70, Malaleel 65, Jared 162, Henoch 65, Mathusalem 187, Lamech 182, Noë tempore diluuij 600, 1656." Septuaginta (*Comm.*, S. 355, Nr. 122.): „Ante diluvium Adam genuit Seth, cum esset annorum 230, Seth 205, Enos 190, Cainan 170, Malaleel 165, Jared 162, Henoch 165, Mathusalem 167, Lamech 188, Noë tempore diluuij 600. Summa 2242."

entscheidet sich schließlich gegen die Datierung der Septuaginta und für die hebräische Bibel, die mit der Zählung der Vulgata übereinstimmt. Die Sintflut fand also, Pereira zufolge, im Jahr 1656 nach Erschaffung der Welt statt.

Wie aber muss sich der Leser, der an die historische Wahrheit der Sintflutgeschichte glaubt, und um einen solchen handelt es sich bei Pereira, den Gang dieser Katastrophe vorstellen? Noah hat seine Arche gebaut und ist mit den Tieren hineingezogen. Nun beginnt die himmlische und irdische Überflutung. Pereira behandelt diesen Punkt ganz naturwissenschaftlich, mit aus der Empirie gespeister exegetischer Phantasie; und er gliedert, ganz Scholastiker, seine Untersuchung in einzelne Unterpunkte.

Die dritte Disputation handelt über die natürlichen Ursachen und Gründe der noachidischen Sintflut[11] und bezieht sich auf Gen 7,11 f. („Zerbrochen wurden alle Abgründe [*Abyssi*], und die Katarakte des Himmels geöffnet, und es regnete vierzig Tage und Nächte.") Pereira stellt zunächst fest: Es gibt zwei Orte, woher das Wasser kommt: Die *Abyssi* sind die Quellen in der Erde – er stellt sich das nach der Vorlage des Buchs Hiob (38,8–16) als große Höhlen vor, die mit Wasser gefüllt sind. Bei den Katarakten des Himmels handelt es sich um Starkregen, der vierzig Tage dauert. Daraus ergeben sich drei Probleme: 1. Was sind die ‚Abyssi'? 2. Was sind die Katarakte des Himmels? 3. Wie muss man die vierzig Tage Regen verstehen, von denen die gesamte Erde überschwemmt wurde, fünfzehn Ellen über den höchsten Bergen?

Pereira geht die Frage zunächst philologisch-exegetisch an; die ersten beiden Fragen lassen sich vergleichswese leicht lösen. Anlässlich der Behandlung der Frage, was man unter ‚Abyssus'

[11] Bd. 2 S. 474 ff., Nr. 9–13.

zu verstehen habe,[12] berichtet er von der Ansicht des Venetianers Francesco Giorgio (Zorzi, 1466–1540),[13] der gemeint habe, die biblischen Abyssi entsprächen dem Tartarus bei Homer. Aber Pereira wendet ein, aus der höllischen Tiefe der Welt könnten die Wasser nicht kommen, Wasser flössen bekanntlich nicht bergauf. Vor allem aber sei es ganz unglaubwürdig, dass die Wasser aus dem Erdinnern die gesamte Erdoberfläche bedeckt hätten und sogar fünfzehn Ellen über die höchsten Berge der Erde gestiegen seien. Auch das Meer scheidet als Erklärung für den Abyssus aus, weil dann der Regen, der vierzig Tage regnete, überflüssig geworden wäre.

Pereira schlägt deshalb vor, ‚Abyssus' bedeute hier riesige und tiefe unterirdische Höhlen. Diese seien mit Wasser gefüllt, das sie aus dem Meer durch verborgene Kanäle bezögen und aus kondensiertem Dampf durch ihre Kälte selbst produzierten. Er bezieht sich auf Aristoteles' *Meteorologie* (Buch 2), wo diese These auch vertreten werde. Genau das habe auch Moses im Sintflutbericht mit den „Abyssi" gemeint.

Die zweite Frage, was die Katarakte des Himmels *(Coeli Cataractae)* seien, ist schon etwas schwieriger zu beantworten. Die berühmtesten Wasserfälle sind die Nilkatarakte, von denen Plinius und Strabo berichten. Da es sich bei der Sintflut um himmlische Katarakte handle, sei der Gebrauch des Wortes Katarakt im biblischen Bericht metaphorisch; gemeint seien dichte Wolken, aus denen es geregnet habe.

Aber so einfach ist die Sache nicht, denn der exorbitante Regenguss übertrifft mit der für die Sintflut erforderlichen

---

[12] Bd. 2 S. 476, Nr. 15–20.

[13] Francisco Giorgio Veneto: *In scripturam sacram et Philosophos 3000 Problemata.* Venedig: Bernardino Vitali 1536. Bd. 1, Probl. 88. Zu Francisco Giorgio s. Schmidt-Biggemann, *Geschichte der christlichen Kabbala*, Bd. 1 [wie Anm. 2.3], Kap. 7, S. 384–449.

Regenmenge alle bisherigen Wolkenbrüche. Der vatikanische Bibliothekar Agostino Steucho († 1548) hatte deshalb in seinem Genesis-Kommentar die Stelle, der Himmel habe seine Katarakte (heb. *arubah*, ‚Fenster') geöffnet, mit Hugo von Sankt Victor so gedeutet, dass die himmlischen Wasser oberhalb des Firmaments (Gen 1,7) auf die Erde herabgestürzt seien.[14] Das hätte zwar die Frage nach der Menge des Wassers beantwortet, das die Erde überschwemmen konnte, aber es zeigten sich hier kosmologische Probleme. Wenn man wie Pereira von einem geozentrischen Weltbild ausgeht, dann müssten die Wasser, die von oberhalb der Fixsternsphäre auf die Erde herabstürzten, durch die Planetensphären hindurchgeströmt sein – und das hält Pereira für unwahrscheinlich. Er schlägt deshalb vor, die Fenster des Himmels als Metapher zu deuten:

> Wenn Moses davon spricht, dass die Fenster des Himmels geöffnet wurden, redet er zweifellos metaphorisch und hyperbolisch, denn es gibt keine Fenster im Himmel, bei den Sternen und in der Luft, die geöffnet oder geschlossen werden könnten. Moses akkommodiert sich in dieser Rede an die Phantasie und die allgemeine Ansicht des Volks.[15]

Es sei dieses Bild als Metapher für die Fülle der himmlischen Kraft zu werten: Gott wollte den Menschen andeuten, dass er ihnen eine große Menge Gutes und Schlechtes gegeben habe

[14] Augustini Steuchi Eugubini *Veteris Testamenti ad veritatem Hebraicam Recognitio.* Lyon: Gryphius 1531: „Cum igitur supra coelum sint aquae, quae à nonnullis etiam coelum crystallinum vocentur, hae nimirum patefacto coelo, horribiliter erupsisse, brevique totum orbem inundarunt". S. 175.

[15] *Comm.* [wie Anm. 9], S. 478, Nr. 26.

und geben werde.[16] Das ist zwar eine schöne, auch gewissermaßen eine erbauliche Allegorese, aber damit ist die zentrale physikalische Frage wieder offen: Wo kommt das Wasser für die Sintflut her?

Die physikalische Antwort auf die Frage, woher das Wasser komme, das fünfzehn Ellen über dem höchsten Berg stand, bleibt Pereira schuldig. Es habe vierzig Tage und Nächte geregnet, das habe Noah/Moses trotz der Verdunklung des Himmels zählen können. Die Frage, ob die Nebel der Wolken sich mit den Wassern der Erde verbunden hätten, wird gleichfalls erwogen. Aber all diese Erwägungen beantworten die Frage nicht, woher denn das Wasser kommen könne, das die ganze Erde höher als die Gebirge überfluten könne. So bleibt für Pereira nur der Ausweg aus der Physik in die fromme Erbauung, den Sensus moralis;[17] und dieser Ausweg hört sich geradezu zynisch an: Gott habe es so lange regnen lassen, damit die Menschen, die gewiss in der Sintflut ertrinken würden, noch Zeit bekommen sollten, ihre Sünden zu bereuen. Der vierzigtägige Regen sei ein Anzeichen des Langmuts Gottes und seiner Güte; es zeige, wie lange der Herr den Eintritt der Strafe für die Menschen aufgeschoben habe, die sein Gericht erwartet und beschleunigt hätten.[18]

Aber Pereira weiß, das ist keine naturphilosophische Erklärung, und auch die ‚moralische' Deutung dieser Geschichte ist eher unbefriedigend. Es bleibt ihm allein der Ausweg in einen anderen biblischen Text, aber auch hier ist der Versuch, noch in

---

[16] „significare vult Deum hominibus vel dedisse, vel daturum magnam aliquorum bonorum vel malorum copiam". S. 478, Nr. 27.

[17] Die Marginalie S. 480 stellt fest, der vierzigtägige Regenfall sei ein „Morale documentum".

[18] „argumentum longanimitatis et benignitatis, tam lenta vindictae & exitij dilatione homines illos ad poenitentiam expectantis atque incitantis." S. 480, Nr. 34.

der Sintflut die göttliche Gnade zu entdecken, eher verzweifelt. Er zitiert Weish 12,9–11,19 f.: „Obgleich du die Macht hattest, in einer Schlacht die Frevler den Gerechten in die Hand zu geben … hast die Feinde deiner Kinder, auch wenn sie den Tod verdienten, sehr nachsichtig und nur nach und nach gestraft und ihnen Zeit und Möglichkeit gegeben, sich von ihrer Schlechtigkeit abzuwenden."

Die Rechtfertigung Gottes vor seinem eigenen Strafgericht gelingt Pereira aber auch nicht recht; und es bleibt in der Folge, je länger je mehr, die Frage danach unbeantwortet, ob denn die Sintflut überhaupt als göttliches Strafgericht oder eher als Naturkatastrophe zu begreifen sei. Wenn sie als reine Naturkatastrophe galt, dann war zwar die Frage nach der göttlichen Strafe und damit nach der Gerechtigkeit Gottes ausgeblendet, aber das physikalische Problem bestand weiterhin, wie denn die Sintflut überhaupt physikalisch erklärt werden konnte. Die kosmologisch-geologisch anspruchsvollste Interpretation lieferte der britische Theologe und Geologe Thomas Burnet. Er bot eine neue, geohistorische Lösung an, die den biblischen Bericht physikalisch zu retten beanspruchte. Die Frage danach, ob es sich bei der Sintflut um ein göttliches Strafgericht handele, ist für ihn nicht mehr relevant. Hatten sich die Straf-Erklärungen angesichts ihrer moralischen Ausweglosigkeit erschöpft oder war die Imagination einer Erdgeschichte so suggestiv, dass sie die Geschichte von Strafe und Rettung außer Acht lassen konnte?

iii. Geohistorie als Natürliche Theologie (Thomas Burnet)

Die *Telluris Theoria Sacra*[19] ist das Hauptwerk Thomas Burnets (1635–1715). Burnet war lange Hoftheologe des englischen Königs Williams III., ehe er wegen der kabbalistischen Thesen seiner *Archaelogiae Philosophicae sive doctrina antiqua de rerum originibus* (1692) dieses Amt verlor. In barocker Manier gibt der volle Titel der *Telluris Theoria Sacra* den Inhalt von Burnets geistlicher Geologie wieder: „Heilige Theorie der Erde: umfassend den Ursprung und die allgemeinen Veränderungen unseres Erdkreises, die er schon erfahren hat oder demnächst erfahren wird. Die ersten beiden Bücher behandeln Paradies und Sintflut, die letzten beiden den Weltenbrand und den zukünftigen Zustand der Dinge."[20] Insgesamt handelt es sich um eine Geschichte des Kosmos, die auch eine geologische Universalgeschichte der Erde umfasst. Die ersten beiden Bücher beschreiben, wie die Sintflut in einem erdgeschichtlich dramatischen Prozess den ersten, paradiesischen Status der Erde beendete. Das dritte Buch handelt über den stoischen Weltenbrand – ein damals beliebtes Thema[21] – und das vierte über den leuchtend perfekten Endzustand der Welt.

[19] Thomas Burnet: *Telluris Theoria Sacra*. Buch 1 und 2 zuerst London 1681, vollständig in 4 Büchern London 1689. Zitierte Ausgabe: Frankfurt am Main: Balthasar Christian Wust 1691.

[20] „Telluris Theoria Sacra: Orbis Nostri Originem et Mutationes Generales quas aut jam subiit, aut olim subiturus est, complectens, Libri duo priores De Diluvio & Paradiso; Postremo duo de Conflagratione Mundi & Futuro Rerum Statu".

[21] Vgl. Jacob Thomasius: *Exercitatio de Stoica mundi exustione*. Leipzig: Lancksius 1676. Siehe insgesamt zum Thema Schmidt-Biggemann, *Apokalypse und Philologie* [wie Anm. 4.43], Teil II.

Abb. 1: Thomas Burnet, Titelkupfer, in: ders., Telluris Theoria Sacra. Frankfurt/M.: Balthasar Christian Wust 1691

Die Urform der Erde – Die Entstehung der Sintflut und die Folgen für den Globus – Noah – Weltenbrand, Tausendjähriges Reich und Vollendung der Lichtwelt – Geologie, Mythologie und das Ende der biblischen Physik

Die Urform der Erde

Burnet untersucht zunächst die Thesen über die natürliche Möglichkeit der Sintflut,[22] aber sie scheitern alle an dem bereits diskutierten Hauptproblem: Es ist nicht genug Wasser auf der Erde, um die Berge zu überfluten. Er konstatiert: Die Erde kann in der Form und Ausbildung, die sie derzeit hat, nicht überflutet werden (S. 25). Er weist zugleich die aristotelische These zurück, dass sich die Welt in ihrer Substanz nicht verändere (S. 29), und führt dagegen den zweiten Petrusbrief des Neuen Testaments an (S. 18,19). Dieser Brief bietet für Burnet die eigentliche biblische Belegstelle für die Sintflut, und auf dieser Grundlage interpretiert er die Weltenüberflutung nun ganz neu.

Die entscheidende Stelle ist 2 Petr 3,4–7. Auf den Einwand von „Spöttern", dass die Wiederkunft Christi sich nicht ereignet habe und dass in der Welt ohnehin alles gleichbleibe, antwortet Petrus:

> Wer das behauptet, übersieht, dass es einst einen Himmel gab und eine Erde, die durch das Wort Gottes aus Wasser entstand und durch das Wasser Bestand hatte. Durch beides ging die damalige Welt zugrunde, als sie vom Wasser überflutet wurde. Der jetzige Himmel aber und die jetzige

[22] Er diskutiert u. a. Augustin (*De Genesi ad literam* III, 2; S. 6), Mersenne (*Cogitationes Physicae Mechanicae*, S. 12) und Postel (*Cosmographia*, S. 20).

> Erde sind durch dasselbe Wort für das Feuer aufgespart worden.[23]

Es ergibt sich bei diesem petrinischen Abriss der Weltgeschichte das Problem, wie er mit dem Sintflutbericht Gen 7 übereinstimmen könnte. Denn bei Petrus ist weder von der Arche Noah noch vom göttlichen Strafgericht die Rede, und die These, dass die Welt aus Wasser und Wort geworden sei, ist eine sehr freie Wiedergabe des Schöpfungsberichts. Burnet stellt jedenfalls fest, dass der zweite Petrusbrief Noah nicht erwähnt, sondern allein den Untergang der alten Welt.[24] Damit ist das Thema Noah für Burnet zweitrangig, und er installiert folglich die Sintflut vornehmlich als Naturereignis, als Vorweltkatastrophe. Burnet geht davon aus, dass die derzeitige Form der Erde erst nach der Sintflut entstanden sei und dass die Sintflut das paradiesische Zeitalter beendet habe. Die Sintflut ist in dieser Deutung mithin mit der Vertreibung aus dem Paradies identisch.

Wie aber hat man sich die paradiesische Urwelt vor der Sintflut vorzustellen? Aus dem schlammigen Urchaos, das nach dem 2. Petrusbrief aus den Elementen Erde und Wasser zusammengesetzt war, ist die Urwelt entstanden. „Halten wir uns also bitte das anfängliche Chaos vor Augen, das wir oben beschrieben haben, als eine aufgelöste Masse von Materie, flüssig und ungeordnet, aus vielen großen und kleinen Teilen, sozusagen aus allen Arten bestehend" (S. 34). Dieser Urschlamm ordnet sich nun; die schwere Erde sinkt im Ur-

---

[23] Diese Stelle wird auch bei Augustin, *De Genesi ad Literam* III, 2 zitiert.

[24] *Telluris Theoria Sacra* [wie Anm. 20]: „Denique, si de mundo tantùm animato & humano locutus esset, excepisse saltem *Noam* cum suâ familiâ, quod alibi non neglexit: hîc autem nullâ adjectâ exceptione mundum illum, de quo loquimur, periisse asserit." S. 26.

schlamm nach unten, die Oberfläche des leichteren Urschlamms ist nur eine dünne Decke. Sonne und Winde trocknen nun die Oberfläche des Urschlamms, und so wird sie zu einer immer fester werdenden Schicht. Hier ist der Ort des Paradieses (S. 38).

Die Erde besteht also im Innern aus einem schweren Kern, der von Wasser (das ist der Abyssus) umgeben ist, und der dünnen Schale aus getrocknetem leichtem Schlamm, die den Abyssus umgibt. Dieses Schema entspricht dem orphischen Ei als dem Muster der Welt. Es besteht aus der äußeren Schale, dem Eiweiß, dem Dottersack und dem Dotter.

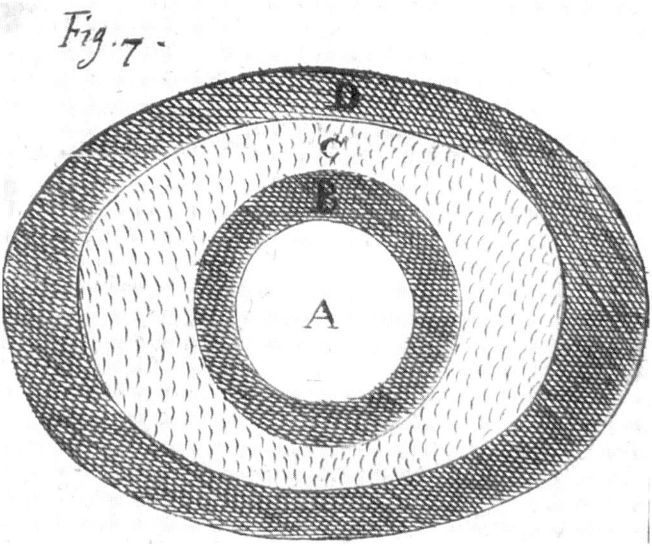

Tomas Burnet, Die Welt als Ei, in: ders., Telluris Theoria Sacra. Frankfurt/M.: Balthasar Christian Wust 1691, S. 41

Die Analogie, schreibt Burnet, sei die folgende: 1. Das Ei sei die Form der abgeflachten Erdkugel. 2. Die Kugel aus schwerer Materie in der Erdmitte entspreche dem Eidotter, die Schale um die innere Erd-Materie dem Dottersack, der Wasser-Abyssus dem Eiweiß, die Eierschale der Erdschale. Nach dieser Rekonstruktion ist die Erdoberfläche eben, es gibt keine Berge und Täler, die Paradieswelt ist ein ovales geometrisches Optimum (S. 43).

Die Entstehung der Sintflut und die Folgen für den Globus

Die erdgeschichtliche Dynamik, die zur Sintflut führt, ist nun ein ganz natürlicher Prozess. Burnet stellt sich vor, dass die dünne Erdschale durch die permanente Sonneneinstrahlung und durch die ständig wehenden warmen Winde immer trockener und schließlich rissig wurde, dass sich das Wasser des Abyssus in diesem Prozess zugleich erwärmte und dass sich dabei Dämpfe entwickelten. Allmählich destabilisierte sich die Erdrinde in diesem Prozess: Nach einigen Jahrhunderten, als die erhitzende Kraft der Sonne tief in die Erdrinde eingedrungen war, begann das Wasser des Abyssus zu verdampfen, und der so entstandene Dampf erzeugte von unten einen ständig steigenden Druck auf die Erdrinde (S. 46). Weil aber die großen Mengen Dampf nicht durch die Poren der Erde austreten konnten, platzte die Erdrinde auf, und aus dem Abyssus ergoss sich die Sintflut über die zerborstene Erdschale.

Das war das Ende der ersten Welt: ein Teil versank im Wasser und bildete unterirdische Gebirge, ein anderer stieg nach der Wasserflut an die Oberfläche (S. 51). Die neue Erde besteht nun im Prinzip aus den Weltmeeren, die aus dem Abyssus kommen, und den übrig gebliebenen Teilen der alten Erdrinde. Das sind die Inseln und Kontinente, die auf dem Abyssus-Wasser sozusagen schwimmen,[25] und die hohen Berge, die nach der Flut entstanden sind. Es handele sich bei den Gebirgen, meint Burnet, um die Trümmer der alten Erdrinde, die sich übereinandergeschichtet hätten. Natürlich kennt Burnet die moderne Theorie der Kontinentalverschiebung nicht, aber er sieht die Erdrinde in Bewegung und erklärt die Entstehung der neuen Erdoberfläche damit, dass Stücke der Erdrinde zwar zunächst in die Tiefe gesunken seien, sich aber dann in gewaltigen Erdbeben so aufeinandertürmten, dass sie die neue zerklüftete Erde mit ihren verschiedenen Landschaften gebildet hätten (S. 88). Die Vulkankegel, spekuliert er, seien dadurch entstanden, dass viele Stücke der Erdrinde bei den Eruptionen des Wassers aus dem Abyssus sich wie der Kamin eines Ofens übereinander geschoben und aufgetürmt hätten. Aus diesen Kaminen dampfe die Hitze des Erdinnern (S. 88). Mit diesem erdgeschichtlichen Drama ist deutlich geworden, dass die derzeitige zerborstene Erde in ihrer Form mit dem ursprünglich paradiesisch perfekten Welten-Ei nichts mehr gemein hat. Deshalb ist es für Burnet sinnlos, in der derzeitigen Welt den Ort des Paradieses zu bestimmen. Man kann sich das Paradies allein in der ersten Welt vorstellen, die mit der Sintflut beendet wurde (S. 134).

Nicht nur die Erde, auch der Himmel ist nach der Sintflut völlig neu.[26] Burnet stellt sich das so vor: Mit der Sintflut hat das Wasser des Abyssus die Räume aufgefüllt, die durch das Zerbersten der Erdschale entstanden. Das sind die Meere. Die Sonnenhitze lässt nun das Meerwasser verdampfen, so entstehen die Wolken als die neuen himmlischen Wasser.

[25] „fragmenta terrae exterioris". S. 73.

[26] Dieser Vorgang wird im Buch 2, „de Paradiso", Cap. 5 verhandelt.

Noah

Burnet kommt bei seiner biblisch-spekulativen Erdgeschichte, die sich auf den zweiten Petrusbrief stützt, doch nicht darum herum, sich mit der Figur Noahs zu beschäftigen. Schließlich ist die Frage unabweislich, wie denn das Menschengeschlecht, das im Paradies geschaffen wurde, die Katastrophe der Sintflut überlebt hat.[27] Er muss vor allem die Kontinuität des Menschengeschlechts bis zurück zum Paradies beschreiben. Die eigentliche Vertreibung aus dem Paradies geschieht bei ihm erst mit der Sintflut. Die Geschichte der Arche, die das Menschengeschlecht und die Land- und Lufttiere über die Sintflut hinweg rettet, akzeptiert Burnet unverändert – explizite Erwägungen darüber, wie das Leben angesichts der tellurischen Katstrophe in dieser Arche überleben konnte, finden sich nicht. Er geht offenbarungspositivistisch davon aus, dass die Erzählung historisch zutrifft. Und deshalb ist die Arche inmitten der Flut auf dem Titelkupfer winzig abgebildet.[28]

Weltenbrand, Tausendjähriges Reich und Vollendung der Lichtwelt

Burnet ist von seinen theologischen Interessen her Millenarist und Apokalyptiker. Deshalb spekuliert er in der zweiten Hälfte seiner *Telluris Theoria Sacra* vor allem über den kommenden Weltuntergang, den Neuen Himmel und die Neue Erde, die in der biblischen Apokalypse des Johannes prophezeit sind. Er

---

[27] Burnet kennt den paganen historischen Kontext der Sintflutgeschichte, die Geschichte, die Annius von Viterbo konstruiert hat, dass Noah, der die Tag- und Jahreszeiten benannt hat, mit Ovids „Ianus" (*Fast.* I) identisch sei, und zitiert diese pagane Kenntnis der Sintflutgeschichte auch.

[28] Siehe Abb. 1, S. 162.

geht wieder vom zweiten Petrusbrief aus, in dem es heißt, dass sich die Welt an ihrem Ende zunächst im Feuer auflöse: In diesem Prozess entstehe, meint Burnet, ein feuchtfeiner Staub aus Dampf und Materie: das entspreche dem Chaos, aus dem schon die paradiesische Welt geschaffen wurde (Buch 1, Kap. 4). Demgemäß werde aus dem feuchten Urchaos, das der Weltenbrand hinterließ, die neue, dritte, ewige Welt entstehen. Die schweren Teile dieses apokalyptischen Weltenchaos werden allmählich nach unten fallen, die Wasser werden sich am Himmel und auf der Erde neu verteilen. In der kristallinen Klarheit des Wassers und im sich darin entwickelnden Leben entsteht das neue Paradies (S. 431): das ist der Neue Himmel und die Neue Erde, die endgültige Herrschaft der Gerechtigkeit unter den auferstandenen Seelen. Diese Paradies-Phase der Erde ist millenaristisch gedacht, ihre Ordnung wird das 1000-jährige Reich sein. Man erwarte die Neue Erde, und „welcher Ort könnte als Sitz des seligen Millenniums geeigneter sein als dieses wiedergekehrte Paradies, oder anders ausgedrückt jene neue Schöpfung des Kosmos und jener neue Erdkreis?“[29]

Burnet ist von seinem tellurischen Milleniarismus und der Theorie des Neuen Himmels und der neuen Erde überzeugt:

> Es sind drei Hauptpunkte, von denen ich hoffe und wünsche, mich nicht zu irren: Erstens: Es ist ein seliges 1000jähriges Reich vor dem Jüngsten Gericht zu erwarten. Zweitens: Nach dem Weltenbrand erwarten wir einen neuen Himmel und eine neue Erde. Drittens: Dieses selige Millennium wird nicht im hiesigen Leben und auf der jetzigen Erde stattfin-

[29] Buch 4, Kap. 9: „quae aptior esse potest sedes Beati Millennii, quàm hic Paradisus redivivus? imò quorsum aliàs quaeso, haec nova Cosmopoeia, novusque orbis?“ S. 511.

> den, sondern in einem Neuen Himmel und auf einer Neuen Erde.‘ (S. 526)

Nach dem 1000-jährigen Reich, im Himmlischen Jerusalem, auf der Neuen Erde unter dem Neuen Himmel, wird – *coniecturaliter* – auch die Hölle vergehen. Das ist Burnets origenistische Überzeugung.

> Am Ende wird das Infernum, der Hades und das ganze Reich des Todes aufgelöst werden: Leben und Licht werden siegen. Wann das genau sein wird, kann niemand wissen, denn unser Geist ist beschränkt; aber dieser Gedanke scheint dennoch nicht unpassend zu sein.[30]

Danach werden die Söhne Gottes zum zweiten Mal, und nun endgültig, auferstehen und die Erde wird sich in Sternenglanz und Gloria verwandeln:

> Wenn das 1000jährige Reich unter der Herrschaft Christi zu Ende geht und die Söhne Gottes, mit neuen ätherischen Leibern versehen, in den Himmel aufgenommen werden, in genau dieser Zeit wird die sublunare Natur in einen unfassbaren Glanz versetzt werden und zu ihrem Platz in den obersten Sternen aufsteigen. (S. 532)

Das geschieht so, dass das heilige Feuer, das seit Anbeginn im Innern der Erde glühte, die irdische Materie verzehrt und die Erde in diesem Feuer leuchten lässt. Dergestalt ereignet sich

---

[30] „Denique, infernum, Hades, tota mortalitatis regio absorpta esset: Vitâ & Luce victricibus. Hoc autem tandem fore, licet nemo possit asserere, propter ingenii nostri angustias: non tamen indignum esse videtur …“, S. 531.

die endgültige Verwandlung der Erde in einen leuchtenden Stern, hier erfüllt sich der eigentliche Zweck des Feuers im Erdinneren.[31]

Geologie, Mythologie und das Ende der biblischen Physik

Burnets *Telluris Theoria Sacra* war eine eindrucksvolle Rettung der Sintflut und zugleich ein Versuch, die theologische Universalgeschichte der Erde in Vergangenheit, Gegenwart und Zukunft zu beschreiben. Ihre Besonderheit bestand darin, dass sie auch als Geschichte der Geologie gelesen werden konnte: Die Sintflut war dann Indiz einer weltweiten Katastrophe, die das Angesicht der Erde vollkommen verändert hatte, sowohl im Bezug auf die Form der Kontinente als auch im Bezug auf die Verwerfungen der Erdschichten. Aus diesem Grunde war diese barocke Theorie für die frühe Geologie interessant – sie war freilich, gerade wegen der Einbindung der Geologie in die theologische Eschatologie, eher ein abschreckendes Exempel einer längst unglaubwürdig gewordenen Physica Mosaica denn eine ernstzunehmende Katastrophentheorie. Somit wurde Burnetts geistliche Geologie im Verlauf des Auflösungsprozesses der biblischen Autorität zum Paradigma falscher religiöser Spekulationen überhaupt.

In den *Principles of Geology* von Charles Lyell,[32] dem klassischen geologischen Handbuch des führenden Geologen

[31] „Ita molem illam ignis, quae Telluris nostrae medium occupat, non frustrà ibidem reservatum esse credo: Sed, cùm Deo visum fuerit, illa moles aucta & fortiori facta ex nova copia similis materiae, a vicinis coelis eò affluente, latiùs se diffundet undiquaque per terrae viscera: dein regiones ipsius exteriores inundabit: tandemque totum terrarum orbem in corpus luminosum convertet". S. 533.

[32] Charles Lyell († 1875) begann als Jurist, war zunächst Hobby-Geologe, spezialisierte sich seit 1827 auf die Geologie und veröffentlichte seine Erkenntnisse in

der ersten Hälfte des 19. Jahrhunderts, figuriert Burnet denn auch als Musterbeispiel einer überholten Wissenschaft. Lyells *Principles of Geology* sind eine Enzyklopädie der Erdgeschichte;[33] sie basieren nicht allein auf allen damals bekannten geologischen und biologischen Kenntnissen, sondern sie setzen sich auch mit den Thesen auseinander, die in der neuen Theorie überwunden wurden. Der Anspruch ist universell, für Lyell ist der Geologe der Universalhistoriker der Natur. Hier trifft er sich gewiss mit Burnet. Lyell schreibt: Die

> Geologie steht in eben so inniger Verbindung zu allen Zweigen der Naturwissenschaften wie die Geschichte zur Moral. Der Historiker muß, wenn es möglich ist, mit der Ethik, Politik, Jurisprudenz, Militairwissenschaft und Theologie, mit allen Kenntnissen genau bekannt sein, durch welche Einsichten in die politischen Angelegenheiten, in die moralische und intellektuelle Natur des Menschen erlangt werden können. Eben so nöthig ist es, daß der Geolog mit der Chemie, Physik, Mineralogie, Zoologie, vergleichenden Anatomie und Botanik, kurz mit allen sich auf die organische und unorganische Natur beziehenden Kenntnissen vertraut ist. Mit solchem Wissen wird der Historiker und Geolog selten verfehlen, richtige und philosophische Folgerungen aus den verschiedenen, sich ihm darbietenden Denkmälern einer früheren Zeit zu ziehen.[34]

---

den epochalen *Principles of Geology*. 3 Bde. Zuerst London 1830–33. Vgl. Edward Bailey: *Charles Lyell*. London: Thomas Nelson 1962.

[33] Die folgenden Ausführungen entsprechen teilweise dem ersten Kapitel meines Buchs *Der Dämon des 19. Jahrhunderts* [wie Anm. 4].

[34] Charles Lyell: *Lehrbuch der Geologie. Ein Versuch, die früheren Veränderungen der Erdoberfläche durch noch jetzt wirkende Ursachen zu erklären.* Übersetzt von

Als solcher Universalwissenschaftler setzt sich Lyell gründlich mit den biblischen und mythologischen Traditionen der Erdgeschichte auseinander, er referiert auch die Lehren vom platonischen Großen Jahr und vom orphischen kosmischen Ei. Da er von einem hohen Alter der Erde und ihrer kosmischen Stabilität ausgeht, wendet er sich vor allem gegen die biblische Physik, gegen das 6000-Jahresschema der Weltgeschichte und gegen die Lehre von Millenarismus und Weltgericht. Er referiert:

> Es war der feste Glaube der christlichen Welt, von jener Periode [3. Jh. nach Chr.] abwärts, daß der Ursprung des Planeten erst von wenigen tausend Jahren an zu rechnen, und daß seit der Schöpfung die Sündfluth die einzige große Katastrophe sei, durch welche an der Erdoberfläche bedeutende Veränderungen veranlaßt wurden. Auf der anderen Seite war die Meinung nicht weniger allgemein, daß die endliche Auflösung unseres Systems ein Ereigniß von nicht gar zu entfernter Zeit sei. (S. 21)

Es gebe trotz der Reformation, die das Mittelalter überwunden habe, unglaublicherweise noch immer die Idee eines 1000jährigen Reiches.

Lyells Lieblingsgegner ist Burnets *Telluris Theologia Sacra.* Die Thesen dieses Buchs sind für ihn „Anmaßungen statt tiefer Philosophie“ (Bd. 1, S. 33), und er referiert zutreffend: Burnet

> erklärte, warum die Urwelt vor der Fluth sich eines ewigen Frühlings erfreut habe! Er zeigte, wie die Erdrinde durch die Sonnenstrahlen Risse bekam, so daß sie barst und die

Carl Hartmann. Quedlinburg und Leipzig: Gottfried Basse 1833, S. 2. Weitere Seitenzahlen nach dieser Ausgabe.

> Fluth-Gewässer von einem Central-Abgrund verschlungen werden konnten. Nicht zufrieden mit diesen Themen, folgerte er aus den inspirierten Autoren, aus der göttlichen Autorität, prophetischen Blicken, eine künftige Revolution der Erde, gab eine schreckliche Beschreibung von dem allgemeinen Weltenbrande, und bewies, daß aus einem zweiten Chaos ein neuer Himmel und eine Erde hervorgehen, und – worauf dann das gesegnete Jahrtausend folgen würde. (S. 33)

Lyells Schlussfolgerungen indizieren, dass die Physica Mosaica im 19. Jahrhundert ihren Kredit verloren hatte, denn er stellt fest, „wie das Interesse der Religion sowohl, als das einer richtigen Philosophie darunter gelitten hätten, daß man die heiligen Bücher stets mit Fragen über Naturkunde vermischte." (S. 36)

Zwar gab es noch zu Lyells Zeiten Vertreter der Sinfluttheorie. William Buckland (1784–1856), Theologe, Geologe und Paläontologe, sah es, wie er in seiner Antrittsvorlesung in Cambridge *Vindiciae Geologicae or the Connection of Geology with Religion* (1820) formulierte, als das Ziel der Geologie an, die Zeugnisse der natürlichen Religion zu bestätigen und aufzuzeigen, dass die durch sie entdeckten Fakten mit den Berichten über die Schöpfung und die Sintflut in den mosaischen Schriften übereinstimmten. 1823 beschrieb er in den *Reliquiae Diluvianae*[35] seine Höhlenfunde als Beleg für die Sintflut und fasste seine Forschungen unter biblizistischer Perspektive zusammen:

[35] William Buckland: *Reliquiae Diluvianae* or observations on the organic remains contained in fissures, and gravel, and on other geological gravel attesting the action of a universal deluge. London: John Murray 1823.

> Diese haben bereits Ergebnisse gezeitigt, die ein neues Licht auf eine unbekannte Periode der physischen Erdgeschichte werfen. Da sie aufs Eindrucksvollste die Sintflut beweisen, hoffen wir, dass nicht länger behauptet wird – wie das von großen Autoritäten geschehen ist – dass die Geologie keine materiellen Beweise für die Wahrheit eines Ereignisses beibringen könne, das bei Moses berichtet wird.[36]

Diese Hoffnung Bucklands erfüllte sich nicht. Sieben Jahre nach Erscheinen der *Reliquiae Diluvianae* kommentierte Lyell:

> Durch den letztern Schriftsteller [i.e. Buckland] ist die Sündfluth als ein heftiger und vorübergehender Wassersturz dargestellt, der den Boden auf eine bedeutende Tiefe aufwühlte, Thäler aushöhlte, ungeheure Geschiebelager bildete, Felsenbruchstücke und Grus von einem Punkte zu dem anderen transportirte und der während seines Fortschreitens oder seines Rückzuges, die Thäler und selbst die Gipfel mancher Berge mit Alluvium bedeckte. (S. 34)

Der Geologe könne, stellt Lyell gegen Buckland fest, die Sintflut nicht erklären.

> Was uns anbetrifft, so haben wir stets die Fluth, wenn es erforderlich war, ihre Universalität in strengstem Sinne des

[36] *Reliquiae Diluvianae*, Dedication to Shute Barrington, Lord Bishop of Durham: „It has, already, produced conclusions, which throw new Light on a period of much obscurity in the physical history of our globe; and, by affording the strongest evidence of an universal deluge, leads us to hope, that it will no longer be asserted, as it has been by high authorities, that geology supplies no proofs of an event in the reality of which the truth of the Mosaic records diluvial is so materially involved."

> Worts anzunehmen, für ein übernatürliches Ereignis gehalten, was gar nicht innerhalb des Bereiches naturwissenschaftlicher Untersuchungen gehört. (S. 35)

Naturwissenschaftlich war damit die Sintflut erledigt, aber sie starb nicht. Der kulturelle Ort der Sintflut verschob sich vielmehr: Sie war nicht länger ein physikalisches Ereignis, sondern sie wurde Teil der Mythologie der Völker. Bereits seit der Renaissance war bekannt, dass die Geschichte von Noahs Rettung Teil der ‚chaldäischen', das heißt babylonischen Überlieferung war.[37] Und schon vor Lyells Verabschiedung der Physica Mosaica hatte 1829 Franz Bopp (1791–1867), der Vater der Indogermanistik, die Sintflutgeschichte aus dem Sanskrit-Epos *Mahâbhârata* übersetzt.[38] Er führt seine Übersetzung ein: „Die Geschichte von einer allgemeinen Erdüberschwemmung, wie sie in der Mahâ-Bhârata und anderen indischen Schriften erzählt wird, bietet eine unverkennbare und höchst merkwürdige Übereinstimmung mit der mosaischen Überlieferung von der Sündflut dar". Bopp fasst die Erzählung zusammen:

> Einem frommen Könige, genannt Manus, erschien der Herr der Geschöpfe *(prâschâ-patis)* Brahmâ, das höchste Wesen, verkündete ihm die bevorstehende alles vertilgende Überschwemmung, befahl ihm ein Schiff zu bauen und es in der Zeit der Gefahr zu besteigen, und die Samen aller Art, wie immer sie genannt würden, wohl von einander abgesondert mitzunehmen. Manus gehorchte dem Befehlen der Gottheit, brachte alle Samen in ein Schiff, welches er dann

---

[37] S. dazu Schmidt-Biggemann, *Apokalypse und Philologie* [wie Anm. 4.43], Teil III, 5.

[38] Franz Bopp: *Die Sündflut nebst drei anderen der wichtigsten Episoden des Mahâ-Bhârata*. Berlin, Königliche Akademie der Wissenschaften 1829.

> selbst bestieg. Das Schiff aber, von der Gottheit geleitet, schwamm viele Jahre auf dem Meere, bis es endlich auf des Berges Himawân höchstem Gipfel sich niederließ, wo es auf Befehl der Gottheit festgebunden wurde. Dieser Gipfel wird darum heute noch Nau-Bandhanan genannt, und von Manus stammt das erhaltene Menschengeschlecht ab. (Vorrede S. IV f.)

Und eine Generation später wurde mit der Entdeckung des Gilgamesch-Epos auch eine babylonische Version der Sintflutgeschichte gefunden.[39] Damit hatte die Sintflut als physikalisches Ereignis zwar ihren Kredit endgültig verloren, aber in der Mythologie des Morgen- und des Abendlandes hatte sie einen neuen Ort gefunden.

[39] Die Entstehung der Sage wird von der Forschung im sumerisch akkadischen Kulturkreis mutmaßlich um 2400 v. Chr. angesiedelt. Die uns bekannte assyrische Fassung wird auf das 6. Jh. v. Chr. datiert.

6. Hermann Samuel Reimarus' Destruktion der Offenbarungstheologie und Lessings spinozistischer Ausweg

Die Theodizee und die Erlösungsunbedürftigkeit der Welt

Es gibt im 18. Jahrhundert wahrscheinlich kein Buch, das für die Destruktion des Christentums eine solche Rolle gespielt hat wie die *Apologie oder Schutzschrift für die vernünftigen Verehrer Gottes.*[1] Zwar ist der Text vollständig erst 1972 veröffentlicht worden,[2] aber Lessing hat die wesentlichen Teile dieser explosiven Bibelanalyse zwischen 1774 und 1778 herausgegeben; er hat ihre Argumente ernstgenommen und versucht, ihre destruktiven Resultate durch eine spekulative Geschichtstheologie zu kompensieren. *Die Erziehung des Menschengeschlechts* hat seit ihrem Erscheinen im Jahr 1780 die Konzeption von Weltgeschichte geprägt.

Was ist hier passiert? Wenn man es als Schlagwort vorwegnehmen will: Die rationale Theodizee macht die offenbarte Heilsgeschichte überflüssig und die kritische Philologie übernimmt die Rolle des Totengräbers der biblischen Offenbarung.

---

[1] Eine Vorfassung dieses Abschnitts erschien unter dem Titel „Die Zerstörung des Christentums durch kritische Philologie. Reimarus' Apologie oder Schutzschrift für die vernünftigen Verehrer Gottes" in: *Hermann Samuel Reimarus. Natürliche Theologie und Popularphilosophie*, hg. von Dieter Hüning u. Stefan Klingner. Berlin u. a. De Gruyter 2021, S. 177–194.

[2] Herrmann Samuel Reimarus: *Apologie oder Schutzschrift für die vernünftigen Verehrer Gottes.* Im Auftrag der Joachim Jungius-Gesellschaft der Wissenschaften Hamburg hg. von Gerhard Alexander. Frankfurt: Insel 1972.

Hermann Samuel Reimarus hat auf die Frage, welche Bücher ihm am wichtigsten seien, geantwortet, Samuel Pufendorfs *De Iure Naturae et Gentium* (1672) und Leibniz' *Theodicée* (1710).[3] Pufendorfs Naturrechtskonzept geht theologisch davon aus, dass der Glaube an Gott, seine Verehrung und der private Gottesdienst die naturrechtlichen Pflichten sind, die der Mensch Gott gegenüber einhalten muss. In diesem Konzept ist die biblische Offenbarung nicht mehr von Nöten, weil das Naturrecht schlechterdings für alle Menschen gelten soll, unabhängig von ihrer jeweiligen Religion. Leibniz' Konzept einer rationalen Welt, das er in seiner *Theodicée* entwickelt hat, war nach den Prinzipien des Widerspruchs und des zureichenden Grundes eingerichtet. Der erste Grund des Kosmos war Gott als vollkommener und rationaler Schöpfer. Der konnte aber nur eine Welt geschaffen haben, die er als die beste aller möglichen konzipiert und realisiert hatte. Das hieß: Die Welt existiert, weil sie vernünftig und *eo ipso* perfekt ist. Eine perfekte Welt braucht keine Wunder. Wunder wären schließlich der Beweis dafür, dass die Welt nicht perfekt ist. Eine perfekte Welt braucht auch keine geschichtliche Perfektionierung, ihre Zeitlichkeit ist scheinbar und besteht in der logischen Kombination ihrer Möglichkeiten, sie braucht keine Erlösung, denn die Sünde ist, wenn überhaupt, nur als Moment der Weltharmonie denkbar – Harmonie setzt zwar Verschiedenheit voraus, vereinigt diese aber als schönes Ganzes. Die Konsequenz: Kein wirklicher Sündenfall, deshalb auch keine Notwendigkeit einer Erlösung, kein neuer Himmel und keine neue Erde am Ende der Zeiten – wenn denn das Ende der Zeiten überhaupt für die beste aller möglichen Welten denkbar war.

---

[3] Johann Georg Büsch: *Erfahrungen*. Bd. 4: „Über den Gang meines Geistes und meiner Thätigkeit". In: Sämtliche Schriften. Bd. 15. Wien 1817, S. 224.

Genau diese Konsequenzen hat Reimarus aus den Prinzipien der Theodicée gezogen – affirmativ als Lehrer der *Vornehmsten Wahrheiten der Natürlichen Religion*[4] *und einer Vernunftlehre,*[5] *kritisch als Verfasser der Apologie.*

i. Reimarus: Biographische Skizze

Aber gemach: zuerst einiges zur Biographie, denn die spielt bei Hermann Samuel Reimarus eine nicht unwichtige Rolle – schließlich handelt es sich um ein gespaltenes Leben: Einerseits war er ein geachteter Hamburger Bürger, Professor am Gymnasium des Johanneums, der den ‚hübschen' Hamburger Familien und gelehrten Gesellschaften angehörte und die Hamburger Patriotische Gesellschaft mitbegründet hatte. Er ist einer der Ahnen der Hamburger Familie Sieveking. Andererseits brütete er im Verborgenen die philologische Kritik aus, die den Biblizismus nicht nur der evangelischen Kirche, der er selbst mindestens nominell angehörte, aufs nachhaltigste erschütterte.

Geboren wurde er am 22.12.1694; der Vater war Lehrer am Johanneum in Hamburg. Er studierte ab 1710 am akademischen Gymnasium in Hamburg: das war Anfang des 18. Jahrhunderts eine der bedeutendsten philologischen Institutionen Deutschlands: Hier lehrten u. a. Johann Albert Fabricius,[6] Reimarus' späterer Schwiegervater, und sein wichtigster För-

---

[4] Reimarus: *Die vornehmsten Wahrheiten der natürlichen Religion.* Zuerst 1754. Nach der 3. Auflage 1766 hg. von Günter Gawlick. Göttingen: Vandenhoeck & Ruprecht 1985.

[5] *Vernunftlehre* … aus zwoen ganz natürlichen Regeln der Einstimmung und des Wiederspruchs hergeleitet. Nach der ersten Auflage 1756 hg. von Frieder Lötzsch. München: Hanser 1979.

[6] Siehe oben Abschnitt iv im 3. Kapitel.

derer Johann Christoph Wolff (1683–1739), der Verfasser des bedeutendsten hebräischen bio-bibliographischen Lexikons des 18. Jahrhunderts, der *Bibliotheca Hebraea*.[7] Bei Wolff hat Reimarus Hebräisch gelernt, und mit schon perfekten Hebräischkenntnissen studierte er zunächst in Jena Philosophie und wechselte bald nach Wittenberg, wo er gleich nach seiner Ankunft zum Magister in hebräischer Philologie promoviert und Anfang Mai 1717 zum Magister Legens ernannt wurde. Eine Universitätslaufbahn strebte er wohl nicht wirklich an, er wollte nach Hamburg zurück, wo er erheblich bessere Lebens- und Arbeitsbedingungen als an einer protestantischen Universität hatte, und 1727 wurde er ans Akademische Gymnasium in Hamburg als Professor Publicus Hebraeae et reliqiuarum linguarum Orientalium berufen.

Neben seinem Amt als Professor für Hebräisch, das ihn keineswegs ausfüllte, setzte er sich intensiv mit der Kritik der Bibel auseinander – aus den späten 1730er Jahren stammt der Entwurf der Bibelkritik, die die frühesten und die pointiertesten Spitzen gegen eine Theologie der Sünde und der Sündenstrafen enthält: sie widersprächen der Prädikation eines liebenden und perfekten Gottes, wie die *Theodicée* ihn überzeugend dargestellt hätte. Maßstäbe dieser Bibelkritik waren der Leibnizsche Gottesbegriff, die Lehre von den natürlichen Rechten und Pflichten des Menschen sowie die Logik, deren Kern der Satz vom Widerspruch bildete. Später hat Reimarus diese Maßstäbe seiner Bibelkritik in eigenen Schriften veröffentlicht, die sehr erfolgreich waren: *Die vornehmsten Wahrheiten der natürlichen Religion* erschienen zuerst 1754, zwei Jahre später folgte die *Vernunftlehre*. Aber diese exoterischen Schriften bildeten vor

[7] Johann Christoph Wolf: *Bibliotheca Hebraea*. Bd. 1 Hamburg und Leipzig: Liebezeit 1715. Bd. 2–4 Hamburg: Felginer 1721–1733.

allem den Maßstab und auch die philosophische Rückendeckung für sein offenbarungskritisches esoterisches Hauptwerk, die *Schutzschrift für die vernünftigen Verehrer Gottes*, an dem er seit den frühen 1740er Jahren in verschiedenen Fassungen arbeitete. Bis zu seinem Tod im Jahr 1768 wussten nur wenige von den umfangreichen radikalen Konvoluten. Eine Fassung hat Lessing, der von 1766 bis 1770 in Hamburg lebte, wohl nach dem Tode des alten Reimarus kennengelernt und von dessen Kindern erhalten.

ii. Apologie oder Schutzschrift für die vernünftigen Verehrer Gottes

Frühe Stadien 1735/40: Der Gott der Theodizee und der Gott der Bibel – Das ursprüngliche Konzept der Apologie

Frühe Stadien 1735/40: Der Gott der Theodizee und der Gott der Bibel

Es scheint, dass Reimarus' Initialproblem darin bestanden hat, dass die philosophisch selbstverständlichen göttlichen Prädikate, die Leibniz in der *Theodicée* behandelt hatte, mit einer gründlichen Bibellektüre, die ja seine Dienstaufgabe war, nicht zu vereinbaren waren. Seine Grundposition hat er schon früh dargestellt; in dem ältesten erhaltenen Entwurf zur Apologie, noch lateinisch verfasst, schreibt er in sehr dezidierter theologischer Terminologie:

> Der Status der Seele wird theologisch gebessert, wenn sie aus wahrer, klarer und distinkter, sicherer und lebhafter Erkenntnis Gottes und seiner göttlichen Vollkommenheiten

> zu inniger und wahrer Liebe zu Gott entzündet wird. Dann ist sie unbesiegbar, frei und freudig in allen Lebenslagen trotz allen Ungemachs auf Gott gerichtet; sie bleibt ruhig in allem, was ihr zustößt, und ihr Glaube und ihr Vertrauen in den wohlwollenden Schöpfer bleibt ungebrochen in den Zufällen des menschlichen Lebens.[8]

Das ist das Ideal seiner Religion, er sieht es durch die Lehren von Mathematik Physik, Medizin, Metaphysik und sogar Politik bestätigt – nur findet er es nicht in der Bibel.[9] Reimarus beurteilt die Bibel, gleichermaßen die jüdische wie die christliche, aus der Perspektive der lutherischen Orthodoxie, die er nicht teilt, denn der Gott dieser Orthodoxie ist voluntaristisch, es ist keineswegs der philosophisch weichgespülte Gott der *Theodicée*. Entsprechend klagt er diese Orthodoxie an, einen Schreckensgott etabliert zu haben, der die Seligkeit an die Kenntnis der Bibel und den Glauben gebunden, den Rest der Menschheit aber verdammt habe. Dieser Gott werde zugleich als Liebesgott verkauft.

> Da aber euer heiliger Gott nur wenige vorausgesehen, die würcklich heilig werden, so will er auch würcklich nur

[8] „Mentis status Theologice in melius mutatur, si ex magis vera, magis clara et distincta, magisque certa et viva cognitione de Deo et perfectionibus divinis intimo et summo Dei amore accentatur, adeoque libere et lubenter constans hoc invictum, adversus omnes illecebras propositum teneat, Deo in omnibus vivendi in voluntate eius, ratione eventorum prorsus acquiescat, et omnes non tantum futuros casus humanos sed et sempiternam felicitatem summe benigno creatori suo plena fiducia committat." Reimarus: *Kleine gelehrte Schriften. Vorstufen zur Apologie.* Hg. von W. Schmidt-Biggemann. Göttingen: Vandenhoeck und Ruprecht 1994, S. 415.

[9] „Haec inquam ego omnia vitae beatae praesidia non requiro in Scriptura". S. 415.

> wenige seelig haben: er liebt also nur wenige in der Hauptsache: die anderen schaffet er zwar, ernehret sie eine kurtze Zeit. Aber das Facit ist doch er führet sie zu einem ewigen Verderben, als Geschöpffe seines Zorns, er liebt sie nicht, er hasset sie ewig so viel man immer hassen kann. Sehet eine Heiligkeit, welche, weil sie ohne Liebe ist, nicht machet daß jemand heilig wird: ja welche Gott an seiner Liebe und Heiligung hindert, und also verursachet, daß wo nicht alle, doch die allermeisten Menschen in einen ewig unheiligen Zustand gerathen, und voller Marter und Verzweiflung den heiligen Gott unaufhörlich lästern.[10]

Das war also Reimarus' dogmatisches Dilemma: Gottesprädikation und Sündentheologie passen nicht zusammen. Und daran arbeitete er sich sein Leben lang ab: Auf der Strecke blieb die Offenbarungstheologie und die zugehörige Idee der Heilsgeschichte.

Das ursprüngliche Konzept der Apologie

Reimarus hat – vermutlich Anfang der 1740er Jahre – einen Gesamtentwurf seiner Bibelkritik konzipiert, der sowohl eine Theorie der Natürlichen Religion als auch der rationalen Hermeneutik einschloss. Er hatte sechs Bücher vorgesehen. Das erste Buch sollte die Vernunftlehre und die natürliche Religion als Maßstab der Offenbarungsreligion darstellen. Im zweiten wollte er prüfen, ob eine natürliche Religion ohne Offenbarung möglich sei, nach der alle Menschen selig werden könnten.

Das dritte Buch sollte untersuchen, ob das Alte Testament eine seligmachende Religion verkündet habe, ob Jesus eine

[10] S. 517.

andere als die alttestamentarische Religion verkünden wollte und ob er „ein anderer als weltlicher Messias zu werden getrachtet". Vor allem hatte Reimarus schon die zentralen Momente seiner Kritik des Neuen Testaments im Blick: „Ob die Apostel nach dem Tode Jesu nicht ein gantz anderes Lehrgebäude aufgerichtet als sie bey seinem Leben gehabt; und was sie dazu bewogen? Wobey die Umstände der Auferstehung Jesu, der Beweiß den die Apostel von diesem Grundsatze Christl. Religion geben, nebst ihrem Betragen geprüfet werden."[11] Hier ist offensichtlich die Hauptthese der kritischen Darstellung des Neuen Testaments schon angesprochen: das Selbstverständnis Jesu als Prophet eines unmittelbar bevorstehenden Gottesreiches, die Lüge der Apostel, Jesus sei auferstanden, und ihre Uminterpretation des jesuanischen Messianismus, dem sie im Nachhinein die Prophetie seines eigenen Kreuzestodes, seiner Auferstehung und Wiederkunft im jüngsten Gericht zugeschrieben hätten. In diesem Sinne seien die Evangelien und die Paulusbriefe als späte Umdeutungen der jesuanischen Lehre zu deuten.

Das vierte Buch sollte die Lehren von Gott, den Engeln und die Christologie enthalten, sofern sie aus der Bibel ersichtlich würden, es kam aber nicht mehr zustande. Dagegen ist das fünfte und sechste Buch in starker Abweichung vom Ursprungsplan geschrieben worden. Im fünften Buch sollten die Wunder des Alten Testaments als Beleg der Offenbarung und die christologischen Prophetien des Alten Testaments sowie deren Zitierungen im Neuen Testament, vor allem bei Matthäus, kritisch geprüft werden. Die Wunderkritik des Alten Testaments spielt in der Endfassung der *Apologie* eine wesentliche Rolle. Dagegen hat Reimarus die Entstehung des

[11] S. 428

Kanons der beiden Testamente, die im sechsten Buch geplant war, nicht mehr eigens behandelt.[12]

In toto: Reimarus' Plan ist die Revision der gesamten Offenbarungstheologie mit dem voraussehbaren Ergebnis, dass diese kritische Analyse das bibelorientierte Christentum auflöst. Diese exegetischen Thesen, die Reimarus schon früh konzipiert und dann später ausgearbeitet hat, haben seit ihrer Veröffentlichung durch Lessing die historisch-kritische Interpretation der Bibel weitgehend bestimmt; und ihre destruktiven Argumente waren so wirkungsvoll, dass die Bibelwissenschaft sich anschließend neu konstituieren musste.[13]

iii. Lessings ‚Wolfenbütteler Fragmente': Natürliche Vernunft gegen biblische Offenbarung

Vernunft, Toleranz und die Seligkeit der Heiden – Philologisch-historische Kritik des Alten Testaments

Vernunft, Toleranz und die Seligkeit der Heiden

Lessing hat die wichtigsten Stücke der *Apologie* nach seinem Exemplar zwischen 1774 und 1778 herausgegeben. Sie erschie-

[12] Das hatten Richard Simon (*Histoire Critique du Vieux Testament.* Paris 1678, Rotterdam: Leers 1685) und *Histoire Critique du Texte du Nouveau Testament.* Rotterdam: Leers 1689) und ansatzweise Johann Salomo Semler (*Abhandlung von freier Untersuchung des Canon.* Halle: Hemmerde 1771) getan.

[13] Exemplarisch seien genannt David Friedrich Strauß (*Hermann Samuel Reimarus und seine Schutzschrift für die vernünftigen Verehrer Gottes.* Leipzig: Brockhaus 1862; *Das Leben Jesu.* Tübingen: Osiander 1835) und Albert Schweitzer (*Geschichte der Leben-Jesu-Forschung.* Zuerst Tübingen 1906 unter dem Titel: *Von Reimarus zu Wrede*; die maßgebliche, oft nachgedruckte Ausgabe ist die zweite, Tübingen: Mohr-Siebeck 1913).

nen in seiner Hauszeitschrift *Zur Geschichte und Litteratur. Aus den Schätzen der Herzoglichen Bibliothek in Wolfenbüttel* (Braunschweig 1774–1777) sowie separat.[14] Die Stücke, die Lessing in seiner Zeitschrift zunächst edierte, befassten sich vornehmlich mit exegetischen Argumenten, die in den 1770er Jahren teils schon lange diskutiert wurden: 1774 hatte er zunächst nur ein vergleichsweise knappes Stück veröffentlicht, das die Toleranz gegenüber Deisten[15] vertrat. Aber 1777 erschien dann ein erstes Konvolut von religionskritischen Texten, das sofort ein erhebliches Echo auslöste,[16] es handelte sich um die Texte: *Von Verschreyung der Vernunft auf den Kanzeln*, *Unmöglichkeit einer Offenbarung, die alle Menschen auf eine gegründete Art glauben können*, *Durchgang der Israeliten durch das rothe Meer* und *Das vierte Fragment: Dass die Bücher des A.T. nicht geschrieben worden, eine Religion zu offenbaren.*[17] Da Lessing nach dem Eklat, den diese Veröffentlichung auslöste, die Zensurfreiheit für seine Zeitschrift entzogen wurde, ließ er 1778 das Hauptstück von Reimarus' Kritik des Neuen Testaments als eigenes Buch drucken: *Von dem Zwecke Jesu und seiner Jünger. Noch ein Fragment des Wolfenbüttelischen Ungenannten.*[18]

---

[14] *Von dem Zwecke Jesu und seiner Jünger. Noch ein Fragment des Wolfenbüttelischen Ungenannten.* Hg. von Gotthold Ephraim Lessing. Braunschweig, o. V. 1778. Vgl. W. Schmidt-Biggemann: *Hermann Samuel Reimarus. Handschriftenverzeichnis und Bibliographie.* Göttingen: Vandenhoeck & Ruprecht 1979, Nr. 77, 78, 79, 87.

[15] *Von Duldung der Deisten: Fragment eines Ungenannten.* In: Zur Geschichte und Litteratur … Dritter Beytrag. Von Gotthold Ephraim Lessing. Braunschweig: Waisenhaus 1774, S. 195–226.

[16] *Reimarus. Bibliographie* [wie Anm. VI 13], Nr. 76–83.

[17] *Ein Mehreres aus den Papieren des Ungenannten, die Offenbarung betreffend.* In: Zur Geschichte und Litteratur … Vierter Beytrag. Braunschweig, Waisenhaus 1777. S. 261–544.

[18] Braunschweig o. V. (Waisenhaus) 1778.

Das philosophische Hauptargument der Bibelkritik, das Lessing als erstes Fragment des ‚Wolfenbütteler Ungenannten' unter dem Titel *Von Verschreyung der Vernunft auf den Kanzeln* veröffentlichte, lag für Reimarus schon sehr früh fest: Die Vernunft ist die einzige Instanz, die allen Menschen gegeben ist. Sie muss deshalb als Voraussetzung der Offenbarung akzeptiert werden.

Die Vorstellung, dass die Bibel der Vernunft vorzuordnen sei, führt zu der absurden Konsequenz, dass der liebende Gott den größten Teil der Menschheit von der Seligkeit schon deshalb ausschließen muss, weil die meisten Menschen von der Bibel nichts wissen und nichts wissen können. Reimarus argumentiert hier gegen die Grundprinzipien der evangelischen Dogmatik, das *Sola scriptura* und das *Sola fide* der lutherischen Orthodoxie. Der Topos, dass die biblische göttliche Offenbarung nicht allen Menschen zugänglich sei und folglich gerechterweise nicht allgemein gelten könne, wird im zweiten Fragment, das Lessing ediert hat, pointiert dargestellt: *Unmöglichkeit einer Offenbarung, die alle Menschen auf eine gegründete Art glauben können.*[19] Die philosophische Grundlage dieses Stücks ist ebenso die philosophische Gottesprädikation, die die willkürliche Ungleichbehandlung der Menschen nicht zulässt; Gottes Gerechtigkeit ist mit der lutherischen Dogmatik nicht kompatibel – also ist diese Dogmatik für Reimarus inakzeptabel.

[19] Diese Gedankengänge, die Reimarus um 1740 entwickelt hatte, waren seit Mendelssohns *Phädon* (Berlin: Nicolai 1767) und vor allem seit Johann August Eberhards *Neue[r] Apologie des Sokrates oder Untersuchung der Lehre von der Seligkeit der Heiden* (Berlin: Nicolai 1772) Teil einer lebhaften öffentlichen Debatte. Vgl. W. Schmidt-Biggemann: „Lessings origenistische Eschatologie". In: *Gotthold Ephraim Lessings Religionsphilosophie im Kontext. Hamburger Fragmente und Wolfenbütteler Axiomata.* Hg. von Christoph Bultmann u. Friedrich Vollhardt. Berlin/New York 2011 (Frühe Neuzeit Bd. 159), S. 138–153.

Das vierte Fragment argumentiert gleichermaßen mit dem Gegensatz philosophischer Gottesbegrifflichkeit und biblischer Lehre. *Dass die Bücher des AT nicht geschrieben worden, eine Religion zu offenbaren*, expliziert das ideale Religionskonzept von Reimarus anhand biblischer Exegese: Die Religion ist eine Liebesreligion, die zu Gottesliebe und ewiger Seligkeit führt. Und genau dieses Religionskonzept vermisst Reimarus im Alten Testament.

Philologisch-historische Kritik des Alten Testaments

Das dritte Fragment *Durchgang der Israeliten durch das rothe Meer* ist von anderer Natur als die Fragmente 1, 2 und 4, die Lessing 1777 veröffentlichte. Bei diesem dritten Stück geht es nicht um eine Religionsphilosophie, die die Bedeutung der Vernunft für die Religion und die Seligkeit aller Menschen betrifft, sondern um philologisch-historische Text- und Sachkritik. Dieses Fragment hat einen spöttisch-komischen Charakter. Hier wird die Logik der Kompossibilität (der ‚Einstimmung und des Widerspruchs'), die Reimarus für die Vernunft und für die vernünftige (Re-) Konstruktion der Welt voraussetzt, im historisch-kritischen Sinne eingesetzt – und diesem Maßstab der kritischen Vernünftigkeit genügen die biblischen Berichte nicht. Reimarus berechnet hier, dass die Zahlenangaben des biblischen Buchs Exodus so absurd sind, dass diese Geschichte – zumindest so – nicht stattgefunden haben kann.

Sein Humor ist destruktiv und beißend: Im Buch Exodus 12,37 heißt es: „Die Israeliten brachen von Ramses nach Sukkoth auf. Es waren an die 600 000 Mann zu Fuß, nicht gerechnet die Kinder.“ Reimarus' Kommentar:

> Aber 600 000 Mann Israeliten, die das Gewehr tragen konnten, d.i. die über 20 und unter 60 Jahren waren! Wo sollte eine solche Menge Menschen hergekommen seyn, seitdem sie selb siebzigste [vor siebzig Jahren] nach Egypten gezogen? Denn man muß wissen, daß gegen einen Mann des Alters vier andere, an Weibern, Kindern, Jünglingen unter zwanzig Jahren, an Alten über 60 Jahre, wie auch an Kranken, Krüppeln, Lahmen, Blinden zu rechnen sind, des Gesindes zu geschweigen. So müsste das ganze Heer 3 Millionen Köpfe oder Seelen ausgemacht haben![20]

Und dann rechnet Reimarus durch; in den 70 Jahren nach der Ankunft Jakobs und seiner Söhne sieht das so aus:

> Wenn alle Männer bis siebzig zeugungsfähig gewesen wären, würde jeder Generation 10fache Vermehrung zustehen, sie sollten sich alle verheurathen; keine Ehe soll unfruchtbar seyn; kein Kind soll sterben. Ist das nicht schon übermenschlich genug? So wäre denn die erste Generation in Ägypten von 350, die zweyte 1750, die dritte 8750, die vierte 43750, die fünfte, von der Hälfte der vierten, 109375 Köpfe, davon jedoch nur der fünfte Theil, d.i. 21875, streitbare Männer abgegeben könnte, die aus Egypten aufgebrochen wären. Wenn wir da auch die vorigen Generationen, als noch lebend, dazu thun, so bringen wir doch nicht mehr als 163 975 zusammen. (S. 297)

Die Absurdität dieser Zahlen wird noch einmal gesteigert, wenn es um den Durchzug der Israeliten durch das Rote Meer geht. Lessing hat dieses Stück 1777 veröffentlicht, ich zitiere

[20] *Apologie* [wie Anm. VI 1]. Bd. 1, S. 296.

Lessings Fassung. Reimarus kombiniert hier die Interpretation von Flavius Josephus' *Jüdischen Altertümern* (l. 2, c. 15 f.) mit den biblischen Angaben und kommt zur Zahl von 3 100 000 Menschen, 6000 Wagen mit Futter und Bagage, 300 000 Ochsen und 600 000 Schafen. Er stellt sich nun vor: Vorne geht ein Führer

> mit einem brennenden und schmauchenden Topfe auf einer Stange … damit man ihn in einer großen Ferne Tag und Nacht sehen kann [das ist die biblische Rauch- und Feuersäule] und sich also auch die Hintersten nicht verirren mögten. Ein solcher Zug gäbe [wenn zehn Mann in einer Reihe nebeneinander marschierten] bei einem Heere von 3 000 000 Menschen 300 000 Reihen und Glieder. Wenn wir nun auf jede Reihe, mit dem Viehe und Bagage-Wagen durch einander gerechnet, nur drei Schritte Platz bringen, so wird sich der ganze Zug auf 900 000 Schritte oder 180 Teutsche Meilen erstrecken. Da nun ein hurtiger Kerl nicht mehr als 4 000 Schritte in einer Stunde gehen kann, so würde der Zug, ohne Rasttage zu rechnen, 225 Stunden oder 9 Tage und 9 Stunden währen, ehe die letzten nur in der erstern Fußstapfen treten konnten.[21]

Also: ein Zug von 270 Kilometern Länge und ein Gewaltmarsch, der ohne Pausen neun Tage und neun Stunden dauern würde. Eine logistische Absurdität.

Nun, wir haben leicht lächeln über diese Berechnung. Der Kommentar zu Ex 12, 37 schreibt in der Einheitsübersetzung

---

[21] Gotthold Ephraim Lessing: *Werke*, hg. von Herbert G. Göpfert u. a. Bd. 7: „Theologiekritische Schriften". Teilb. 2, hg. von Helmut Göbel. München: Hanser 1976, S. 391.

der Bibel exegetisch gönnerisch: „Die Zahl 600 000 ist eine theologische Zahl: Alle die zum Gottesvolk gehören, sind mit denen, die hinter Mose her in die Freiheit zogen, unterwegs."[22] Aber so einfach ist das nicht mit der Apologetik: Die Idee, dass es sich um mythische Zahlen handelt, steht Reimarus nicht zur Verfügung. Er geht noch vom lutherisch-orthodoxen Anspruch einer historisch exakten Biblizität aus, in der die Wahrheit der Bibel vor jeder philosophischen Berechenbarkeit figuriert. Eine solche Exegese war barocker Standard;[23] die Idee einer eigenen Logik im Mythos wurde erst durch Christian Gottlob Heyne[24] entwickelt und dann von Johann Gottfried Eichhorn, einem Heyne-Schüler, auf das Alte Testament angewandt.[25] Bei Reimarus sieht das noch anders auch: Mit seiner Berechnung biblischer Zahlen zerstört er das Konstitutionsnarrativ der jüdischen Identität und natürlich die zugehörige christliche Osterliturgie. Mit dem Heyne'schen Konzept des *Sermo mythicus* käme man aus der Schwierigkeit, das Alte Testament als maßgebliches Narrativ anzuerkennen, vielleicht heraus. Allerdings bleibt Reimarus' Erkenntnis, im Alten Testament gebe es kein Konzept der Unsterblichkeit und folglich keines einer ewigen Seligkeit, unbestreitbar – und Lessing übernimmt diese

---

[22] *Die Heilige Schrift. Einheitsübersetzung*. Kommentierung von Eleonore Beck. Stuttgart: Verlag katholisches Bibelwerk 1980, S. 73.

[23] S. dazu W. Schmidt-Biggemann: „Erbauliche versus rationale Hermeneutik. Hermann Samuel Reimarus' Bearbeitung von Johann Adolf Hoffmanns *Neue Erklärung des Buchs Hiob*". In: Veröffentlichungen der Joachim Jungius-Gesellschaft der Wissenschaften. Hamburg 85 (1998), S. 23–52. Vgl. auch oben Kap. 3: Die Sprache Adams und die Philologie.

[24] Christian Gottlob Heyne: „De caussis fabularum seu mythorum physicis". Rede zum 27. Jahrestag der Gründung der Universität Göttingen am 17. September 1764. In: *Opuscula Academica*. Bd. 1. Göttingen: Dieterich 1785, S. 184–206.

[25] Johann Gottfried Eichhorn: *Historisch-kritische Einleitung ins AT*. Zuerst Leipzig 1780–83.

These denn auch für die Konzeption der ersten Phase seiner *Erziehung des Menschengeschlechts*.[26]

iv. Kritik des Neuen Testaments: Messianismus und Eschatologie

Verglichen mit der Kritik des Neuen Testaments ist die Destruktion des Alten Testaments, die Reimarus vorträgt, eine Petitesse. Seine philologische Destruktion der Theologie des Neuen Testaments hat er schon um 1740, in der ersten Fassung der *Apologie* formuliert – und er hat sie im Kern nicht verändert. 1740 schreibt er (ich habe den Text schon oben zitiert:) „Ob die Apostel nach dem Tode Jesu nicht ein gantz anderes Lehrgebäude aufgerichtet als sie bey seinem Leben gehabt; und was sie dazu bewogen? Wobey die Umstände der Auferstehung Jesu, der Beweiß den die Apostel von diesem Grundsatze Christl. Religion geben, nebst ihrem Betragen geprüfet werden."[27] Lessing hat die gesamte Kritik des Neuen Testaments in der frühen Fassung, die ihm zur Verfügung stand, veröffentlicht.[28]

Worum handelt es sich?

Reimarus geht von der selbstverständlichen Tatsache aus, dass die Evangelien erst während der Konstitutionsphase der frühen christlichen Gemeinde aufgeschrieben worden sind. Dabei setzen sie Kreuzestod und Auferstehung Jesu als Fakten voraus. Reimarus' große exegetische Entdeckung besteht darin,

---

[26] Die Paragraphen 1 bis 53 der *Erziehung des Menschengeschlechts* erschienen ebenfalls 1777, gemeinsam mit den *Fragmenten*, in *Zur Geschichte und Litteratur*.

[27] *Vorstufen zur Apologie* [wie Anm. 7], S. 428.

[28] 1777 im fünften Fragment *Über die Auferstehungsgeschichte* und 1778 in einer separaten Veröffentlichung *Von dem Zwecke Jesu und seiner Jünger* [s. Anm. 14].

dass er die durchgängige Imprägnierung des Neuen Testaments mit Eschatologie und Messianismus zuerst erkennt und darstellt. Lessing hat die Brisanz dieser These richtig eingeschätzt, als er diese Texte veröffentlichte.

Reimarus' These ist ganz von seiner Entdeckung des eschatologischen Charakters des Neuen Testaments bestimmt: Jesus hat sich danach als Prophet des Reiches Gottes verstanden, das er als unmittelbar bevorstehend predigt. Die nächsten Anhänger Jesu verstehen diese Lehre so, dass diese geistlich-weltliche Herrschaft Gottes noch zu Jesu Lebzeiten eintreffen werde. Mit dem Tode Jesu ist diese Hoffnung vorbei. Die Jünger können aber von ihrer Fixierung auf das Reich Gottes nicht lassen. Deshalb stehlen einige von ihnen den Leichnam, und die Evangelien berichten dann höchst widersprüchlich von der Auferstehung. Allerdings glaubt die Gemeinde, was sie gern glauben möchte: dass nämlich der Herr bald wiederkommt. Diese Wiederkunft ist die Hoffnung auf den kosmischen Messianismus. Aus dieser Hoffnung heraus ist das Neue Testament konzipiert – und die Prophezeiungen Jesu über seinen eigenen Tod sind in die nachösterlichen Erzählungen über Jesu Leben und Lehre verwoben.

Reimarus stellt die einzelnen Phasen der Entwicklung des neutestamentarischen Christentums in drei Phasen dar: 1. Jesu Selbstverständnis als Prophet/Messias, der das Reich Gottes predigt. 2. Jesu Kreuzigung, der Raub des Leichnams, und die Berichte über die Auferstehung 3. Parusieverzögerung: a. Das Reich Gottes tritt nicht zu Jesu Lebzeiten ein. b. Auch die Prophezeiung der baldigen Wiederkunft des ‚Menschensohns auf den Wolken des Himmels' bleibt unerfüllt.

ad 1. a) Zu Jesu Selbstverständnis als Prophet/Messias, der ethische Reform und das Reich Gottes predigt, stellt Reimarus bündig fest:

> Die Reden Jesu bey den vier Evangelisten sind nicht allein bald durchzulaufen, sondern wir finden alsobald den ganzen Inhalt und die ganze Absicht der Lehre Jesu in seinen eigenen Worten entdecket und zusammen gefasset. Bekehret euch und gläubet dem Evangelio; oder wie es sonst heisset: Bekehret euch, denn das Himmelreich ist nahe herbeygekommen.[29]

Dass Jesus von den Evangelisten als Messias verstanden wurde und sich selbst als dieser verstanden habe, ist für Reimarus ausgemacht. Er betrachtet den Inhalt von Jesu Lehre als jüdische Selbstverständlichkeit, setzt also ein messianisches Verständnis des Judentums voraus. Allerdings ist dieser jüdische Messianismus von polittheologischer Natur.

> Das gibt die Sache selbst; da Jesus kommen war als der Meßias, und Johannes eben dieses verkündigte: es giebt es auch der Gebrauch eben der Redensart bey den Juden damaliger Zeiten, so daß, wenn sie von dem Himmelreich, das da kommen sollte, hörten, sie nichts anders, als das Reich des Meßias darunter verstanden. (§ 4, S. 10 f.)

Dieser Messianismus ist nicht, wie später bei Paulus, spirituell als allgemeine Erlösung der Menschheit gedeutet, sondern wird als unmittelbar bevorstehendes Reich Gottes verstanden, das den Juden – und nur ihnen – verheißen wird; die anderen Völ-

[29] *Von dem Zwecke Jesu* [wie Anm. VI 13] I, § 4, S. 9 f.

ker spielen keine Rolle. Die Voraussetzung für die Ankunft des Gottes ist die moralische Umkehr, die Jesus predigt. Seine Lehren sind „auf ein rechtschaffenes thätiges Wesen, auf eine Aenderung des Sinnes, auf ungeheuchelte Liebe Gottes und des Nächsten, auf Demuth, Sanftmuth, Verläugnung sein selbst, und Unterdrückung aller bösen Lust gerichtet." (§ 6, S. 16 f.) Jesu Berufung auf den Willen seines himmlischen Vaters ist nicht mehr als ein autoritätsgestützter Appell zur ethischen Reform.

b) Jesus lehrt, wie man angesichts des bevorstehenden Königreiches Gottes richtig lebt, deshalb enthält seine Lehre weder theologische Spekulationen noch irgendeine Dogmatik. Die Dogmen von der göttlichen Trinität, von der Gottessohnschaft Jesu und die Lehre der stellvertretenden Erlösung kommen in den Evangelien nicht vor. Wenn sich Jesus von den Jüngern „Gottes Sohn" nennen lässt, so ist das, wie Reimarus feststellt, eine gängige alttestamentarische Beschreibung für einen Gerechten; die Passagen, in denen Jesus im Neuen Testament „Gottes Sohn" genannt wird, sind folglich Zitate aus dem Alten Testament. Das gilt z. B. für die Stelle Mt 4,6, wo der Satan Jesus auf den Zinnen des Tempels versucht: „Wenn du Gottes Sohn bist, so stürze dich hinab" – Reimarus findet diese Passage im Psalm 91 (§ 11, S. 31). Ansonsten führt er die Rede von der Gottessohnschaft auf das apokryphe biblische Buch der Weisheit zurück. Sein Fazit: „Man verstehet hieraus genugsam, daß die allgemeine Bedeutung der Ausdrückung, Gottes Sohn, auch im neuen Testamente, bey den Juden und in Jesu eigenem Munde, einen von Gott besonders geliebten Menschen anzeige." (§ 12, S. 35 f.) Dass der Messias auch als Sohn Gottes benannt werde, sei keine unerhörte Bedeutungsveränderung des Ausdrucks ‚Sohn Gottes', „sondern wir müssen blos die gebräuchliche erweitern, und verstehen, daß der

Meßias darum so heisse, weil er besonders von Gott geliebt seyn werde."

Eine Lehre vom Geist als einer besonderen göttlichen Person sei den Juden völlig unbekannt; wenn der Geist im Neuen Testament als Taube erscheine, so sei das ein Bild für eine innere Vision; es handle sich um ein Phantasma der Evangelisten.

> Weil nun Gesichte nichts anders, als Vorstellungen der Einbildungskraft sind, und die Einbildungskraft mit lauter sinnlichen Bildern beschäftiget ist: so ist es kein Wunder, dass Johannes die geistlichen Gaben, welche Gott vom Himmel dem Messias mittheilet, in einem sinnlichen Bilde, und zwar einer Taube, die vom Himmel herab kommt, vorstellet. (§ 17, S. 58)

Damit ist die Frage nach der Trinität im Neuen Testament erledigt; und Reimarus fügt noch an:

> Wenn aber Jesus selbst diese fremde und den Juden ganz unbekannte Lehre von dreyen verschiedenen Personen in einem göttlichen Wesen, hätte vortragen wollen, oder derselben Erklärung zu den Pflichten ihres Lehramtes gerechnet hätte: sollte er wohl davon bis nach seiner Auferstehung geschwiegen haben? (§ 18, S. 61)

c) Es ist für Reimarus wichtig, dass Jesu Lehre auf keine Änderung des jüdischen Zeremonialgesetzes zielte. Die beiden zentralen Sakramente Taufe und Abendmahl seien Teil jüdischer Zeremonien; Jesus habe „die jüdische Religion in keinem Stücke abschaffen, und statt derselben eine neue einführen wollen." (§ 19, S. 70) Daraus folgt für Reimarus, „daß die Apostel der Lehre, Absicht und Befehl ihres Meisters schnurgerade entgegen gelehret und gehandelt" hätten. (§ 19, S. 70) Mit dem apostolischen Christentum „wurden denn auch bald Beschneidung, Opfer, Reinigung Sabbathe, Neumonden, Festtage, und dergleichen gänzlich abgeschaffet, und das Judenthum zu Grabe gebracht."

Für Reimarus hat sich Jesus als Jude verstanden, die Ausweitung der Lehre über das Judentum hinaus ist nie seine Absicht gewesen. Alle Veränderung an den jüdischen Geboten sind mit der ursprünglichen Lehre Jesu unvereinbar; alle trinitarischen und internationalistischen Interpretationen haben kein fundamentum in textu. Jesus ist Jude, seine Lehre bleibt jüdisch, allerdings verkündet er als Jude das Reich Gottes. Was hat man darunter verstanden? Offensichtlich ein Reich, in dem Gott über die zwölf Stämme Israels herrscht; das jedenfalls haben die Jünger und die Juden, die Jesus anhingen, geglaubt: „Demnach wo die Juden diesem Evangelio glaubten, da ihnen die Zukunft des Himmelreiches ohne weitere Erklärung verkündiget ward: so mußten sie auch nach ihren Begriffen einen weltlichen Messias und ein zeitlich Reich erwarten." (§ 30, S. 113) Die Enttäuschung der Jünger spiegele sich noch in der Emmaus-Geschichte, wo es heißt: „Wir hofften, er (Jesus von Nazareth) sollte Israel erlösen." (§ 30, S. 114)

ad 2. a) Der Prozess, der zur Kreuzigung Jesu führt, hat zwei Momente, einerseits Jesu scheiternde Prophetie von der unmittelbar bevorstehenden Ankunft des Reiches Gottes, andererseits den Widerstand des Hohen Rates gegen Jesu Verkündigung. Reimarus stellt den Zug nach Jerusalem so dar, als wollte Jesus mit dieser offensichtlichen Provokation der jüdischen Priesterelite die Ankunft des Gottesreiches sozusagen erzwingen. Die Reaktion darauf folgt prompt: Er wird verhaftet und verurteilt.

Der Hohe Rat will diesen polittheologischen Messianismus angesichts der politischen Situation der Besatzung durch die Römer schleunigst beenden. Schließlich hat es, wie die grausig beendeten Makkabäeraufstände zeigen, schon genug vergebliche messianische Aufstandsversuche gegeben. Jesus hat nach Reimarus gleichwohl bis ans Ende seines Lebens gehofft, dass er die Intervention Gottes aus dem Jenseits, die das messianische Reich verwirklichen werde, herbeizwingen könne. Reimarus deutet die Berichte zu Jesu Tod am Kreuz so:

> Er beschloss sein Leben mit den Worten: Eli, Eli, lama asaphthani: Mein Gott! Mein Gott! Warum hast du mich verlassen: ein Geständnis, so sich ohne offenbaren Zwang nicht anders deuten lässet, als daß ihm Gott zu seinem Zweck und Vorhaben nicht geholfen, wie er gehofft hatte. Es war demnach sein Zweck nicht gewesen, daß er leiden und sterben wollte; sondern daß er ein weltlich Reich aufrichtete, und die Juden von ihrer Gefangenschaft erlöset. (II, § 8, S. 153)

Erst im Nachhinein wird der Messias von den Jüngern als der leidende Messias spiritualisiert, der dann auferstehen wird. Aber zunächst haben sich die Jünger das Reich Gottes weltlich und jüdisch vorgestellt; Jesus war „kein Erlöser des menschlichen Geschlechts, der durch sein Leiden und Sterben die Sünde der ganzen Welt tilgen sollte, sondern ein Erlöser des Volkes Israel von der weltlichen Knechtschaft“. (I, § 30, S. 115) Das sei die ursprüngliche Meinung der Apostel gewesen.

> Demnach haben sie auch auf Jesum als einen weltlichen Erlöser des Volkes Israel bis an seinen Tod gehoffet, und nach fehlgeschlagener Hoffnung, nach seinem Tode erst

> das Systema von einem geistlichen leidenden Erlöser des ganzen menschlichen Geschlechts gefasset: folglich auch ihr voriges Systema von der Absicht der Lehre und Verrichtung Jesu geändert. (§ 31, S. 117)

b) Reimarus findet den Beleg für diese These in der Grablegung Jesu: Wenn die Apostel wirklich an Jesu Auferstehung geglaubt hätten und wenn Jesus vorher davon geredet hätte, dann wäre die Grablegung, wie sie in den Evangelien geschildert wird, sinnlos gewesen. Sie hielten ihn für tot, und von Auferstehungsglauben gibt es keine Spur.

> Da reden und handeln sie sämtlich so, als ob sie ihr Lebtage nichts davon gehöret hätten: sie wickeln den Leichnam ein, sie suchen ihn mit vieler Specerey für die Fäulniß und Verwesung zu bewahren, ja sie suchen dieses noch am dritten Tage nach seinem Tode zu thun, da jetzt die verheissene Zeit seiner Auferstehung heran kam. (§ 32, S. 121)

Und gerade die Erzählung von der Aufstellung der Wachen am Grabe Jesu, „damit nicht die Jünger kämen und ihn stöhlen, und sagten hernach, er sey auferstanden" (§ 32, S. 122 f.), ist Reimarus verdächtig. Keiner derjenigen, die am Ostermorgen zu Jesu Grab gehen, denkt noch an die Wachen; keiner erwartet ein leeres Grab, sondern alle kommen, um ihn zu betrauern. Außerdem stellt er fest, die Vorstellung, der Hohe Rat sei am Abend des Paschafestes zu Pilatus gegangen, sei sinnlos, weil der Rat dann unrein geworden wäre und das Paschafest nicht hätte feiern können.

So wird es plausibel, dass man sich nach Reimarus den Fortgang der Geschichte – wunderfrei – nur so vorstellen kann, dass einige der Jünger (nur wenige) den Leichnam gestohlen hätten und ihn verschwinden ließen.[30] Ihre falsche, aus unerfüllten Erwartungen stammende Lehre einer vergeistigten Messianität, die Jesus als Gottessohn für alle Menschen sterben und auferstehen ließ, sei dann für das folgende Christentum der frühen Gemeinden entscheidend geworden.

ad 3) Das Nichteintreten des Reichs Gottes zu Jesu Lebzeiten ist die Schlüsselenttäuschung der Jünger gewesen – Reimarus interpretiert diese Enttäuschung als Ursache, die zunächst zur Panikreaktion des Diebstahls von Jesu Leichnam führt, eine die Realität negierende Kompensationshandlung. Dieses Verhalten hat nun seinerseits die Konsequenz, dass die Realität umgedeutet werden muss: das geschieht durch Spiritualisierung und Aufschubrhetorik. Die Spiritualisierung findet sich in den Auferstehungsgeschichten, die den Leib Jesu irgendwie zwischen Körperlichkeit und Gespenstigkeit imaginieren. Entscheidend ist die dogmatische Bedeutung dieser Auferstehungsgeschichte: Sie ermöglicht es, die Erwartung des Reichs Gottes aufrecht zu erhalten: Denn die nun verkündete Lehre von der Auferstehung und Himmelfahrt Jesu/Christi ist die Bedingung der Rede von seiner Wiederkehr. Die Apostelgeschichte berichtet von zwei Männern in weißen Gewändern: „Was steht ihr da und schaut zum Himmel empor? Dieser Jesus, der von euch ging und in den Himmel aufgenommen wurde, wird ebenso wiederkommen, wie ihr ihn habt zum Himmel hingehen sehen." (1,11) Dieser Prophetie entspricht Jesu Aussage vor dem Hohen Rat bei Markus (14,62), wo Jesus die Prophetie Daniels (7,13) zitiert: „Ihr werdet den Menschensohn zur

[30] Vgl. Mt 27,64. Das entspricht der jüdischen Polemik gegen die Auferstehung Jesu im *Toledot Yeshu*. Vgl. *Toledot Yeshu. The Life Story of Jesus*. Two vols. and a Database. Ed. and transl. by Michael Meerson & Peter Schäfer. Tübingen: Mohr Siebeck 2014. Bd. 1, S. 281.

Rechten der Macht sitzen und auf den Wolken des Himmels kommen sehen."

Reimarus bezieht sich bei seiner Demontage der Auferstehungsgeschichte auf eine doppelte Messiashoffnung, die er in der jüdischen Tradition findet; die Vorstellung eines politischen Messiaskönigs und die eines leidenden Messias. Er schreibt:

> Erstlich ist zu wissen, daß die Juden selbst zweyerlei Systemata von ihrem Meßias hatten. Die allermeisten zwar erwarteten in solcher Person einen weltlichen Regenten, der sie von der Sklavery erretten und ihnen andere Völker unterthänig machten sollte. Und in diesem Systemate war nichts als Herrlichkeit; kein vorgängig Leiden, keine Wiederkunft: sondern das gewünschte Reich sollte nach dieser Hoffnung Israels alsobald angehen, wenn der Meßias käme. Es waren aber jedoch andere, obwohl weit wenigere Juden, welche sagten, ihr Messias würde zweymal, und zwar in ganz verschiedener Gestalt kommen. Erst würde er armselig erscheinen, leiden und sterben; dann aber würde er aus den Wolken des Himmels wiederkommen und alle Gewalt empfangen. (II, § 37, S. 179 f.)

Diese zweite Variante der Messiaserwartungen hätten die Jünger bedient, als die erste Variante sich zerschlagen habe. Allerdings stehe die Wiederkunft des Herrn auch in der zweiten Variante noch immer aus: Die Evangelisten hätten Jesus die Vorhersage in den Mund gelegt, dass die endgültige Ankunft des Messias nach den Drangsalen, die dem jüdischen Volk widerfahren sollten, und nach einer kosmischen Katastrophe sehr bald bevorstehe: „dieses Geschlecht wird nicht vergehen, bis dieses alles geschehe" (Mt 24,34). Aber auch hier sei eine falsche Prophetie gepredigt worden. Paulus sei daher schon im ersten Thessalonicherbrief gezwungen gewesen, die Gemeinde zur Geduld zu mahnen, aber seine Botschaft sei offensichtlich erfolglos gewesen. Der zweite Thessalonicherbrief, in dem vom Katechonten und Antichrist die Rede ist, belege diese Schwierigkeiten des Paulus, die er bei seiner Verkündigung mit der Verzögerung der Wiederkunft des Herrn gehabt habe.

> Darum spricht er in seinem andern Briefe, mit geheimnißvollen Worten, von einer Abweichung, von einem Menschen der Sünde, von dem Sohn des Verderbens, dem Gottlosen, der zuvor kommen müsse; der sey zwar jetzt schon im Werk, aber er werde aufgehalten, und wenn er sich denn endlich offenbare, so werde ihn der Herr umbringen mit dem Athem seines Mundes, und werde ihn abschaffen durch die Erscheinung seiner Zukunft. (§ 43, S. 200)

Petrus schließlich habe in seinem zweiten Brief (2 Petr 2,8) darauf hingewiesen, dass vor Gott tausend Jahre wie ein Tag seien.

Es bleibe, so Reimarus' Resümee, in der Bibel nichts als die Aufschubrhetorik für die zweite Ankunft des Messias; am Ende sei das zentrale Motiv des Neuen Testaments, die Eschatologie, ganz verdrängt worden. Reimarus stellt fest:

> Die ersten Kirchenväter nach den Aposteln haben noch immer gehoffet, Christus würde zu ihren Zeiten erscheinen, und sein Reich auf Erden anfangen, und so ist es von einem Jahrhundert zum andern gegangen, so daß man endlich die unerfüllte Zeit der andern Zukunft Christi ganz in Vergessenheit gebracht, und die heutigen Theologi über diese Materie, weil sie ihren Absichten nicht förderlich ist, hinzwischen, auch die Zukunft Christi aus den Wolken des

> Himmels auf einen ganz andern Zweck ziehen, als Christus selbst und die Apostel gelehrt haben. (§ 45, S. 206)

v. Das Ende des evangelischen Christentums als Konsequenz der kritischen Philologie

Reimarus weiß, was er tut, wenn er die Auferstehungsgeschichte demontiert und die Wiederkunft des Herrn auf den St. Nimmerleinstag verschoben sieht: er zerstört die Fundamente des Christentums.

> Die beiden Facta und Sätze, Christus ist von den Todten auferstanden: und wird in den Wolken des Himmels binnen gesetzter Zeit wiederkommen zu seinem Reiche, sind ausser Streit die Grundsäulen, worauf das Christenthum und das neue Systema der Apostel gebauet ist. Ist Christus nicht auferstanden, so ist unser Glaube eitel, wie Paulus selber sagt: und ist oder wird er nicht wiederkommen zur Vergeltung der Gläubigen in seinem Reiche, so ist der Glaube eben so unnütze als er falsch ist. (§ 45, S. 207 f.)

Und genau dieses ist für Reimarus ausgemacht: weder ist der Herr auferstanden noch ist deshalb abzusehen, dass er je zum Jüngsten Gericht erscheint. Reimarus' Bibelkritik ist nichts weniger als die Destruktion der zentralen Lehren des Christentums. Er beschreibt seine kritische Tätigkeit denn auch als Abgesang auf das Christentum.

> Wesentliche Stücke des Christenthums sind die Glaubenartikul, wegen welcher Verläugnung oder Unwissenheit ich aufhören würde, ein Christ zu seyn: und dahin gehören ja wohl hauptsächlich die geistliche Erlösung Christi durch

> sein Leiden und Sterben: die Auferstehung vom Tode, als eine Bestättigung des vollgültigen Leidens: und die Wiederkunft zur Belohnung oder zur Strafe, als eine Frucht und Folge der Erlösung. Wer demnach diese ersten Grundsätze beweiset oder angreifet, der gehet auf das Wesen der Sache. (§ 46, S. 210 f.)

Genau das nimmt Reimarus für sich in Anspruch.

vi. Lessings spekulative Auswege aus der Katastrophe der Offenbarungstheologie

Kompensationsversuche I: Nathan der Weise – Kompensationsversuche II: Die Erziehung des Menschengeschlechts – Spinoza als Ausweg aus der Krise des Christentums?

Kompensationsversuche I: Nathan der Weise

Lessing wusste, was er tat, als er Reimarus' Bibelkritik veröffentlichte. Auch wenn er Spaß an der Provokation hatte, die Dimension der religiösen Demontage zeigte sich in der Lawine der Gegenschriften gegen den ‚Wolfenbütteler Fragmentisten', die die Veröffentlichung der fünf ‚Fragmente' in Lessings Hauszeitschrift im Jahr 1777 lostrat.[31] Der Herzog von Braunschweig, Lessings Dienstherr, widerrief daraufhin die Zensurfreiheit, die er seinem Wolfenbütteler Bibliothekar gewährt hatte. Der kümmerte sich aber nicht wirklich um dieses Publikationsverbot, sondern ließ das radikalste Stück von Reimarus' *Schutzschrift*, die Kritik der Auferstehungsgeschichte Jesu im

[31] Vgl. *Reimarus. Bibliographie* [wie Anm. 13], Nr. 146–273.

Neuen Testament, wie dargestellt als eigenes Buch unter dem Titel *Vom Zwecke Jesu und seiner Jünger* ohne Angabe des Druckorts erscheinen.

Aber er sah sich bei aller Aggressivität, mit der er auf die Kritik an seiner Editionspolitik, zumal gegenüber dem Hamburger Hauptpastor Johann Melchior Goeze reagierte, theologisch in der Defensive. Die Destruktion der Offenbarungstheologie konnte nicht das letzte Wort sein; Lessing musste eine eigene theologische Position entwickeln, die einerseits Reimarus' Bibelkritik ernst nahm, ihr aber auf der anderen Seite eine Religionskonzeption entgegensetzte, die die Folgen der historisch-kritischen Destruktion kompensierte.

Lessing hat das in mehreren Anläufen unternommen: zuerst mit seinem pädagogischen Drama *Nathan der Weise*, in dem er die Frage nach dem Monopolanspruch des Christentums als Zugang zum ewigen Heil relativierte. Die dogmatische Schlüsselgeschichte war die Ringparabel: Ein König, der sich nicht entscheiden kann, welchem seiner drei Söhne er den Ring der Herrschaft – und Wahrheit – vererben soll, lässt zwei weitere gleich aussehende Ringe anfertigen. Er vererbt jedem seiner Söhne einen Ring – und die sind ratlos: welcher ist der echte? Ergebnis: ‚Der echte Ring, vermutlich, ging verloren.' Deshalb bleibt im Verhältnis der drei monotheistischen Religionen nur, in gegenseitigem Wohlwollen miteinander zu leben; und diese ethische Toleranzmaxime wird im Drama pädagogisch vorgeführt.

Aber die Kompensation des Offenbarungsverlusts durch Ethik und religiöse Toleranz war ihrerseits unzureichend, sie war nicht mehr als ein Appell an den guten Willen. Reimarus selbst hatte seine ätzende Bibelkritik durch eine erbauliche Naturtheologie aufzuwiegen versucht; ihm war Theologie nur noch als vernünftiger Deismus möglich, der den optimistischen

Gottesbegriff in der Perfektion seiner Schöpfung und in der Vernunft der Menschen wiederfand. So bildeten Naturtheologie und Ethik zwar einen erbaulichen Versuch, die Destruktion der biblischen positiven Offenbarung zu kompensieren, aber sie hatten ein entscheidendes Defizit: Die Eschatologie des Neuen Testaments, die Reimarus als Illusion Jesu und seiner Jünger demontiert hatte, hatte eine geschichtstheologische Dimension eröffnet, deren Trost- und Erklärungsleistung nicht schlechterdings ausgelöscht und vergessen werden konnte. Diese Geschichtstheologie war schließlich ein wesentliches Konstituens des Christentums geworden, und die alte Erlösungshoffnung war auch dann noch virulent, wenn ihr Ursprung als Illusion entlarvt worden war. Die Erfahrung der Verbesserungsnotwendigkeit der Welt war trotz des metaphysischen Gesundbetens mit den Argumenten der Theodizee unabweisbar; und die utopische Ethik des Dramas *Nathan der Weise* zeigte, wie sehr die Hoffnung auf eine Verbesserung der Welt sich auf die Zukunft richtete.

Kompensationsversuche II: Die Erziehung des Menschengeschlechts

Nach der Diskreditierung der neutestamentlichen Eschatologie gähnte die Frage nach der Zukunft als argumentative Leerstelle. Diese Leerstelle versuchte Lessing mit seiner spekulativen Geschichtstheologie der *Erziehung des Menschengeschlechts* zu füllen.

Er bedient, äußerlich betrachtet, zwar gegen Reimarus und den Deismus das Grundmuster des aufgeklärten Erziehungsoptimismus; aber es geht ihm um mehr als um praktische Aufklärung. Er möchte die Aufklärung in die Heilsgeschichte eingliedern und sie zugleich als deren Erfüllung bestimmen. Sie soll sich als weltgeschichtliche Epoche der sich vollendenden Vernunft verwirklichen. Lessing versteht diese Vernunft metaphysisch im Sinne Spinozas als rationale Erkenntnis des Ersten Grundes der Welt, als Pantheismus.

Theologisch gefasst, ist der Pantheismus, den Lessing imaginiert, die Vollendung der Heilsgeschichte, in der Gott ‚Alles in Allem' sein wird. Diese Formel der Weltvollendung ist eine Paulus-Vision (1 Kor 15,28), die von dem griechischen Kirchenvater Origenes aufgenommen wurde, um seine Lehre von der allmählichen, Äonen umfassenden Vervollkommnung der Welt und der Menschen emblematisch zu fassen. Wenn Natur und Vernunft zusammenfallen, wenn die Menschen sich so vervollkommnet haben, dass ihre Natur göttlich wird, wenn Gott dergestalt Alles in Allem sein wird, ist das Ziel der Heilsgeschichte erreicht.

Um die prophetisch-pantheistische Zukunft plausibel in das Versprechen der Heilsgeschichte einzugliedern, muss sie an den bisherigen Verlauf der geistlichen Weltgeschichte angeschlossen werden; und den beschreibt Lessing christlich konventionell. Er gibt in seiner Geschichtstheologie drei Stadien vor: Das Alte Testament deutet er als göttliches Erziehungsprogramm zum Monotheismus. Das Geschichtsziel des Neuen Testaments ist die Erziehung zur Moral. Die dritte, das Neue Testament ablösende Phase, an deren Schwelle Lessing seine Gegenwart sieht, vollendet die Geschichte in der vernünftigen Vergöttlichung des Menschen.

Die Gliederung der Erziehung des Menschengeschlechts ist folglich einigermaßen übersichtlich: Das Alte Testament wird in den ersten 52 Paragraphen behandelt. In §§ 1–5 geht es um die Erziehung im theologischen Rahmen, in §§ 6–12 um die adamitische Religion und das Verhältnis von Monotheismus zum Polytheismus. Das alttestamentliche Konzept des Monotheismus und des Einen (§§ 13–15) schließt diese Thematik ab. Nach den Entwürfen zur Moral des Alten Testaments (§§ 16 –21) und der Feststellung, dass das Alte Testament die Unsterblichkeit der Individualseele noch nicht kenne, (§§ 22–26) geht es Lessing um die zukunftsweisenden Momente: Die Vernunft-Emanzipation werde durch das Alte Testament angestoßen; (§§ 27–36) der Einfluss der Chaldäer in der Exilzeit habe das Judentum aus seiner Isolierung gelöst; (§§ 37–42) die Typologie gebe Fingerzeige auf das Kommende. (§§ 43–47) Den Schluss dieses Abschnitts bilden Thesen zum Stil und zum Lehrbuchcharakter des Alten Testaments.

Das Neue Testament wird in den Paragraphen 53 bis 80 verhandelt. Lessing beginnt mit der „neuen Lehre der Unsterblichkeit", die Christus verkündet habe. (§§ 53–58) Er ignoriert die orthodoxe Christologie von Inkarnation und Kreuzesopfer und bestimmt die Moral als Kern des Christentums. (§§ 59–61) Das Neue Testament, das er als Lehrbuch interpretiert, sei 1700 Jahre lang das non plus ultra der religiösen Erleuchtung gewesen, „sollte es auch nur durch das Licht sein, welches der menschliche Verstand selbst hineintrug". (§§ 62–67). Jetzt stehe das Menschengeschlecht am Ende seiner Kindheitsphase (§§ 68 –71) und erkenne, welches der moralische Sinn der Lehren von Trinität, Erbsünde und Genugtuung sei. (§§ 72–75) Lessing schließt die Behandlung des Neuen Testaments mit fragenden Erwägungen zum Verhältnis von Religion und Vernunft:

> § 77. Und warum sollten wir nicht auch durch eine Religion, mit deren historischer Wahrheit, wenn man will, es so misslich aussieht, gleichwohl auf nähere und bessere Begriffe vom göttlichen Wesen, von unserer Natur, von unseren Verhältnissen zu Gott, geleitet werden können, auf

> welche die menschliche Vernunft von selbst nimmermehr gekommen wäre?
> § 79. Vielmehr sind dergleichen Spekulationen – mögen sie im einzelnen doch noch ausfallen, wie sie wollen – unstreitig die schicklichsten Übungen des menschlichen Verstandes überhaupt, solange das menschliche Herz überhaupt höchstens nur vermögend ist, die Tugenden wegen ihrer ewigen glückseligen Folgen zu lieben.

Den Schluss der *Erziehung des Menschengeschlechts* (§§ 81–100) bilden Mutmaßungen zum Dritten Reich. Hier geht es um die joachitisch-origenistische Konzeption der Eschatologie und um Metempsychose als moralische Vollendungsidee. Lessing erinnert zunächst (§§ 81–87) an die apokalyptische Verheißung des Evangelium Aeternum (Offb 14,6) und berichtet von den „Schwärmern des joachitischen Zeitalters" (§§ 88–90), die die Vollendung der Welt im Dritten Reich, in dem der Geist herrschen werde, als unmittelbar bevorstehend imaginiert hätten. Als Prophetie und sogar in Gebetform kündigt er das kommende Reich an (§§ 91 f.) und beschreibt in origenistischem Duktus das Ewige Ende (§§ 93–100). Hier erwägt er auch die Seelenwanderung (§ 94): „Aber warum könnte jeder einzelne Mensch auch nicht mehr als einmal auf dieser Welt vorhanden gewesen sein?" Es scheint ihm darum zu gehen, dass der Einzelne und die Menschheit durch Metempsychose verbessert werde: „Warum sollte ich nicht so oft wiederkommen, als ich neue Kenntnisse, neue Fertigkeiten zu erlangen geschickt bin. Bringe ich auf einmal nicht soviel weg, dass es der Mühe wiederzukommen etwa nicht lohnet?" (§ 98)

Das sind erhebliche Anforderungen und spekulative Zumutungen, die Lessing an die neue Religiosität stellt, die nach der Destruktion des Christentums dennoch dessen Trost- und

Erlösungsleistung retten soll. Lessing will deshalb wesentliche dogmatische Momente des Christentums spekulativ uminterpretieren. Im § 73 behandelt er „Die Lehre von der Dreyeinigkeit" und stellt die Fragen, ob Gottes „Einheit eine transzendentale Einheit seyn müsse, welche eine Art von Mehrheit nicht ausschließt?", ob Gott „nicht die vollständige Vorstellung von sich selbst" haben müsse, die „eben so nothwendig wirklich, als er es selbst ist", sei. Das ist eine konjekturale Metaphysik, die Lessing als Beleg für die „Benennung eines Sohnes, den Gott von Ewigkeit zeugt" deutet.

Die positive Offenbarung der Bibel spielt in diesem Schlüsselparagraphen der Erziehung des Menschengeschlechts freilich nur noch insofern eine Rolle, als sie Anlass und Stichwortgeber für eine rationale Spekulation bietet, die auch unabhängig von Altem und Neuem Testament als plausibel angeboten wird. Die Elemente dieser spekulativen Rationalität sind erstens die Frage nach dem Ersten Grund, der Ursache seiner selbst und so im genauen Sinne ursprüngliche Einheit vor aller Vielheit ist, die aus ihm erwächst, zweitens für die Frage nach dem Selbstbewusstsein dieses ersten Grundes „vollständige Vorstellung von sich selbst" – wobei zwischen der Frage nach der Reflexivität des ersten Grundes und dem Bewusstsein dieser Reflexivität nicht differenziert wird – drittens die Idee von Gottes notwendiger Existenz, die zugleich reflexiv ist „die vollständige Vorstellung von sich selbst", deren reale Existenz (wohl die geistige) behauptet wird: „eben so nothwendig wirklich, als er selbst" ist, und schließlich viertens die Idee einer Zweieinigkeit, in der Gottes Vorstellung seiner selbst – also die Reflexivität des ersten Grundes – mit der Formulierung des Prologs des Johannesevangeliums als Sohn benannt wird, „den Gott von Ewigkeit zeugt". Davon, dass dieser Sohn, den Gott von Ewigkeit zu Ewigkeit zeugt, in Jesus von Nazareth Fleisch angenommen habe, und in die Geschichte eingetreten sei, ist bei Lessing nicht die Rede.

Lessing hatte in der Debatte um die Offenbarungskritik des Wolfenbütteler Fragmentisten die Leibnizsche Unterscheidung zwischen „notwendigen Vernunftwahrheiten" und „zufälligen Geschichtswahrheiten" angeführt,[32] zwischen denen es keine Vermittlung gebe. Die Spekulationen, die er in der *Erziehung des Menschengeschlechts* für einen Gottesbegriff anbietet, fallen sämtlich unter die Kategorie der notwendigen Vernunftwahrheiten; die Bibelkritik von Reimarus destruiert mithin allein die falsche Erzählung von zufälligen Geschichtswahrheiten. Lessings Vernunftreligion, die einen reflexiven Gottesbegriff umfasst, bezieht sich auf die zufälligen Geschichtswahrheiten nur insofern, als in der göttlichen Erziehung des Menschengeschlechts das Alte und das Neue Testament Lehren vortrugen, die den Fortschritt auf das Ziel der vernünftigen Religion ermöglichten: Die Lehre vom einen Gott sowie von der Unsterblichkeit der Menschenseelen. Jesus ist in der *Erziehung des Menschengeschlechts*, wie in Spinozas *Theologisch-Politischem Traktat*, nicht als Gottessohn verstanden, sondern als Lehrer einer perfekten Moral. Damit ist das orthodoxe Kerndogma von der Inkarnation aufgegeben und eine strikte Trennung zwischen „nothwendigen Vernunftwahrheiten" und „zufälligen Geschichtswahrheiten" eingehalten.

Bleibt allerdings die Frage, welchen Sinn die Lehre von der Unsterblichkeit der Seele unter diesen Bedingungen haben soll. Die Unsterblichkeitsvorstellung dient dazu, die Vollendung des Menschengeschlechts in einem Übergang von derzeitiger Unvollkommenheit zu kommender, weltimmanenter Vollkommenheit zu imaginieren: die Unsterblichkeit der Seele garan-

[32] Lessing: *Über den Beweis des Geistes und der Kraft*. Braunschweig 1777.

tiert die Vollendung des Menschengeschlechts in der Zukunft. Zu diesem Zweck greift Lessing auf die Lehre der Seelenwanderung zurück – die Einzelseelen könnten, mutmaßt er, mehr als einmal auf der Welt gewesen sein. (§ 94) Die erhoffte zukünftige Vollkommenheit bleibt geschichts- und weltimmanent, Lessing redet hier an keiner Stelle von Transzendenz. Seine Vorstellung des joachitischen dritten Stadiums der Weltgeschichte erfordert keinen transzendenten neuen Himmel und keine neue Erde; aber sie erfordert die Vollendung des Menschengeschlechts in einem Status, in dem sich der göttliche Geist und die menschliche Vernunft im menschlichen Handeln ewig vereinigen. Das ist die emphatische, spekulative und schwärmerische Zukunftserwartung des Ewigen Evangeliums. „Sie wird gewiß kommen, die Zeit eines neuen ewigen Evangeliums, die uns selbst in den Elementarbüchern des Neuen Bundes versprochen wird." (§ 86)

Spinoza als Ausweg aus der Krise des Christentums?

Seit der Veröffentlichung der Reimarusfragmente, den folgenden Streitschriften gegen den Wolfenbüttelischen Ungenannten, seinen Repliken, seinem pädagogischen Drama *Nathan der Weise* und seinem Entwurf einer theologischen Welt- und Heilsgeschichte *Die Erziehung des Menschengeschlechts* stand Lessing im Fokus der theologischen, philosophischen und dichterischen Diskussion. Als Intellektueller und als Bibliothekar in Wolfenbüttel zog er Besuchter an – der wahrscheinlich wichtigste war der Philosoph und Schriftsteller Friedrich Heinrich Jacobi, der im Juli 1780 ein paar Tage in Wolfenbüttel weilte.

Jacobi war schon als philosophischer Romancier (*Allwill* 1776, *Woldemar* 1779) bekannt geworden, er war mit Goethe befreundet und mit der intellektuellen Welt der späten Aufklärung in Deutschland eng vernetzt. Seine Gespräche in Wolfenbüttel mit Lessing über dessen Religion wurden zum Ausgangspunkt einer lange andauernden philosophischen Diskussion unter dem Titel ‚Spinozismusstreit'. Lessing ist am 17. Februar 1781, ein halbes Jahr nach den Gesprächen mit Jacobi, gestorben, so waren die Erinnerungen Jacobis die einzige Quelle von Lessings spätem Religionskonzept. Jacobi hat den Bericht der Diskussion in Briefen an die Reimarus-Tochter Elise und an Moses Mendelssohn 1785 veröffentlicht.

In dem entscheidenden Gespräch zwischen Jacobi und Lessing am 6. Juli 1780 ging es um die Frage nach dem Gottesbegriff Spinozas, den dieser in seiner *Ethica more geometrico demonstrata* (1677) entfaltet hatte. Dieser Gottesbegriff wird mit dem Ersten Grund identifiziert, der alles umfasst und damit zugleich der Ursprung aller Vielheit – und damit auch der Allheit ist. Diese Spekulation, die unter dem Titel ‚Pantheismus' verhandelt wurde, sieht Gott als Ursache seiner selbst, vor jeder Begrifflichkeit, jenseits jeder Personalität und vor aller Unterscheidung zwischen Transzendenz und Immanenz. Lessings Formel für diese Spekulation ist ‚*Hen kai pan*', Eins und alles.[33]

Der Bericht über Lessings ‚Spinozismus' hat Anlass zu heftigen Diskussionen zunächst zwischen Moses Mendelssohn und Jacobi gegeben; aus dieser Diskussion hat sich dann der ‚Spinozismusstreit' entwickelt. Sieht man diese Diskussion um den Gottesbegriff auf dem Hintergrund der Gottesspekulationen im § 73 der *Erziehung des Menschengeschlechts*, ist die Frage

[33] Friedrich Heinrich Jacobi: *Über die Lehre des Spinoza*. In: *Werke*. Bd. 1,1: „Schriften zum Spinoza-Streit". Hg. von Klaus Hammacher u. Irmgard-Maria Piske. Hamburg: Meiner und Stuttgart: frommann-holzboog 1998, S. 40.

nach dem Ersten Grund als Einheit und Vielheit, die zwischen Jacobi und Lessing diskutiert wurde (S. 9, 39) und in dem beide übereinstimmten (S. 20), durchaus konstitutiver Teil der theologischen Spekulationen Lessings. Die Frage nach der Reflexivität dieses ersten Grundes, die im § 73 dann zur Konzeption einer spekulativen Logos-Gottessohnschaft führte, war Teil der Wolfenbütteler Diskussion der beiden Philosophen. Jacobi hielt an einem persönlichen Gott fest, während sich Lessing einen lebendigen Gott vorstellte als pulsierende, sich zusammenziehende und ausdehnende „Seele des Alls, und das Ganze, nach der Analogie eines organischen Körpers" (S. 31). Das Verhältnis von Gott Vater und Sohn, das er im § 73 der *Erziehung des Menschengeschlechts* noch doppeldeutig als Beziehung der ersten beiden Personen der Trinität beschrieben hatte, deutete er mit Spinoza nun als Verhältnis von *Natura naturans* – d.i. Gott Vater – und *Natura naturata* – Gott Sohn.[34]

So war denn für Lessing der Pantheismus der spekulative Ausweg aus der Krise seines Christentums, in das ihn die Offenbarungskritik des Reimarus gezogen hatte. Diese Lehre hat die Theologie und Philosophie der deutschen Intellektuellen und Dichter seit dem Ende des 18. Jahrhunderts durchgehend beschäftigt. Ob dieser Ausweg auch, wie Lessing prophezeite, zu neuen erlösenden Ufern geführt hat, ist nicht ausgemacht.

[34] S. 39, zitiert Spinoza, *Ethik* I, prop. 29, schol.

7. Unzeitgemäße Spekulation zum Schluss

Unzeitgemäß: Der Terminus ist natürlich Zitat. Die Behauptung, etwas sei unzeitgemäß, setzt voraus, man wisse mindestens ungefähr, was denn zeitgemäß ist. Der Vf. dieser Zeilen ist weit davon entfernt, das für sich in Anspruch zu nehmen. Freilich sind die meisten der hier vorgestellten Beispiele der Bibelauslegung erstaunlich; Staunen setzt eine Unvertrautheit voraus, und wenn Vertrautheit ein Indiz für Zeitgenossenschaft ist, dann sind die hier versammelten Texte eben in diesem Sinne unzeitgemäß.

Die vorgestellten Deutungen seien, behauptet der Untertitel des Büchleins, spekulativ. Ist Spekulation unzeitgemäß? Spekulation ist ein vielfältiger Begriff: Höhenflug, intellektuelle Hochseilartistik, Selbstbespiegelung des Geistes, der sich seiner selbst bewusst und damit sein eigenes Objekt ist, reflexive Selbstverliebtheit. Keine Frage, der Spekulant simuliert, dass er die Artistik der Spekulation beherrsche, den Spaß am Möglichen, nicht kontrafaktisch, sondern vielleicht ultrafaktisch. Dabei sind die Exegeten und vor allem ihr Referent auf dem Hochseil weder sicher noch angstfrei, denn die Dimensionen des Möglichen, die sie ausloten, sind riskant; das Risiko besteht in der Überforderung der geistlichen Höhen-Phantasie und der Möglichkeit des Absturzes; wohin? In den Imaginationsschrecken? In die Zeitgemäßheit?

Es handle sich, behauptet der Titel, bei den hier vorgestellten Ideen um Auslegung des göttlichen Wortes und seines Glanzes. Was hört man, wenn man das göttliche Wort hört? Sieht man seinen Glanz? Was ist, wenn es sich um leeres Echo und falschen Schein handelt? Großer Anspruch, nichts dahinter? Hier hilft die Spekulation. Nicht, dass sie Sicherheit erzeugte – das intellektuelle Hochseil hat kein Netz; aber die Spekulation bietet die Stange, die es erleichtert, das Gleichgewicht zu halten, hoffentlich – und mindestens tut der Spekulant so. Es ist das Gefühl des Artisten, das eine Höhensicht und Vogelperspektive ermöglicht: Die Welt wird, wie bei Jean Pauls Luftschiffer Gianozzo, auf Zinnsoldatengröße reduziert.

Das spekulative Hochseil ist hoch über dem Alltag und seinem Pragmatismus aufgespannt; die Welt braucht es nicht; aber sie staunt als Zuschauer den Artisten doch an. Der Zuschauer traut sich selbst die Artistik nicht zu, die er sieht; aber die Vorstellung, bei dieser riskanten Unternehmung dabei gewesen zu sein, möchte er nicht missen. Es ist keine Tragödie und kein Schiffbruch, bei dem er Zuschauer wäre, und er ist nur der ungefährdete Voyeur, der gleichwohl furchtsam an dieser spekulativen Weltenthobenheit teilnimmt.

Der geistliche Spekulant jedenfalls behauptet, das göttliche Wort biete dieses intellektuelle Schauspiel; und es sei mehr als nur ein Schattenstück und Puppentheater. Denn er stellt sich die Frage, was denn wäre, wenn dieses biblische Wort wirklich göttlich wäre? Dann versuchte die spekulative Exegese, die göttlichen Offenbarungen in ihren Möglichkeiten zu ergründen. Nicht dass der Spekulant sie erschöpfen könnte, sondern dass er seine helle Freude daran hätte, das Gottesschauspiel für sich zu imaginieren, so, als wäre er der Himmelreisende im göttlichen Glanz. Der Spekulant tut nur so – und sein Referent tut es ihm nach – er imaginiert himmlische Traumreisen in Erhabenheit und Hochgestimmtheit (so weit die Flügel geistlicher Phantasie tragen). Er hofft, vom himmlischen Höhenflug beflügelt, dass die Lebenswelt weit unten in der Spekulation einen Ausblick aufs Höhere bekommt und damit einen Sinn, der das Dasein nicht im Sumpf der alltäglichen Perspektivlosigkeit stecken bleiben lässt.

Keine Frage: Spekulation ist erbaulich – so erbaulich wie Artistik ist. Und wo sie unzeitgemäß ist, ist sie das deshalb, weil sie die dunkle Begrenztheit des Zeitgemäßen mit einem neuen, phantastischen Glanz versieht; und mit der leisen, nachgerade geflüsterten Verheißung, dieser Glanz sei nicht zu schön, um wahr zu sein. Diese Spekulation ist tröstlich, vielleicht ist allein das schon unzeitgemäß. Es handelt sich bei den hier vorgestellten Texten um exegetische Phantasien über die Offenbarung; Phantasien nicht als Schrecken, sondern als Möchtegern, frei von jeder Pragmatik, wie die Hochseilartistik; überflüssige Tradition und gerade deshalb unentbehrlich.

Artistik braucht Logik und vielseitige Flexibilität. Beides bieten die vorliegenden Texte; im Nachhinein wird hoffentlich deutlich, dass ihr Zusammenhalt durch die Perspektivenfülle nicht zerrissen wird: Der erste Text sollte die Bedingungen der Wort-Theologie als Halteblöcke der Spekulation festsetzen: Die Welt, die als Wort und Schrift gedeutet wird, ist dann der Glanz Gottes, der sich als Glanz des Wortes offenbart hat. Um diese Verwortung der Schöpfung geht es in der Kabbala, die der zweite Text präsentiert: Hier ist das Wort als Schrift vor jeder Artikulation beschrieben, als Fülle allen Sinns, der sich in der Kombination von Buchstaben potentiell zeigen mag, sofern sie Gott in seiner Schöpfung ausgesprochen hat. Dieses göttliche Wort wurde in der Schöpfung der Welt materialisiert, das Wort wurde Welt, der dritte Text. Dieses wirkende Wort war, so die eigentlich theologische Tradition der Sprache, Adam im Paradies zugänglich, es benannte die Dinge der Schöpfung in ihrem Wesen. Freilich, so die biblische Urgeschichte, verlor Adam diese Wesenseinsicht mit seiner Sünde. Aber der Versuch, diese wunderwirkende Wesenseinsicht wiederherzustellen, und das Scheitern dieser Bemühungen durchzieht die abendländische Sprachtheologie. In diesem Prozess wird zugleich eine Merkwürdigkeit aller Spekulation deutlich, die mit der Hochseilartistik zusammenhängt: Wenn man das intellektuelle Risiko zu analysieren versucht, verliert es seinen Reiz.

Das Wort wurde nicht nur Schöpfung, es wurde vor allem Religion, geschichtliche Heilsverkündigung. Heilsverkündigung ist ein Versprechen, dass das göttliche Wort auch in der Zukunft wirken und das Unheil der Sünde aufheben wird. Alle Zukunftsversprechungen verlangen den Kredit, dass es so werden wird: das ist der religiöse Glaube, dass das Heilsversprechen demnächst Wirklichkeit werden wird und dass diejenigen, die dieses Versprechen verkünden, Wahrheitsboten sind. Um dieses Problem geht es in den Texten des vierten Kapitels über die christliche Universalreligion: Hier zeigt sich, in welchem Grade die Religion rhetorisch ist, und dass ihre Überzeugungskraft wesentlich vom Glanz der Spekulation abhängt, den zu polieren ihre Apologeten angetreten sind. Können Apologeten den Glanz des göttlichen Wortes polieren?

Ob die Bibel doch recht hat? Die unwahrscheinlichste von den vielen Wundergeschichten der Bibel ist die Geschichte der Sintflut, Thema des fünften Kapitels. Zwar ist dieser Weltüberschwemmungsmythos keineswegs ein Eigengewächs der biblischen Tradition. Aber wenn man ihn als biblische Physik deutet, bietet er unüberwindliche Schwierigkeiten, fast unüberwindliche; der spekulativste Lösungsvorschlag besteht in der Entdeckung, dass die Schöpfung ihrerseits eine Geschichte hat, in der das Antlitz der Erde erneuert wurde. Die Katastrophengeschichte der Erdoberfläche, die Entstehung der Kontinente und Meere wurde zunächst als spekulative Deutung der Sintflut angeboten – und dabei wurde die Geologie revolutioniert. Die Erdgeschichte blieb, die biblische Spekulation verlor ihren Kredit.

Dieser Kreditverlust der interpretatorischen Spekulation ist der Gegenstand des letzten Kapitels des vorliegenden Büchleins. Hier wird das erbauliche Hochseil gnadenlos zerschnitten. Merkwürdigerweise stellt sich dabei keine wirkliche Katastrophenstimmung ein, vielmehr beschleicht den Spekulanten gewisse nachgerade masochistische Schadenfreude: Dieser Absturz war wohl fällig. Die Spekulation hat ihren Kreditrahmen überzogen. Und so ist das denn: Die Bibelkritik des Hamburger Hebraisten Reimarus, die Lessing veröffentlichte, ist so richtig wahr, frei von aller Spekulation, vielmehr ironisch und von galligem Humor. Wahrheit ist wunderfreie, berechenbare Wahrscheinlichkeit; das biblische Wort ist nicht länger göttlich, und Aufklärung hat seinen Glanz überflüssig gemacht. Lessing hat die scham- und gnadenlos nackte Wahrheit publizistisch inszeniert – und er hat diese kritische Richtigkeit nicht aushalten können. Offensichtlich konnte und wollte er den Trost und die Dimension der Spekulation nicht entbehren: Die Vernunft, die Reimarus destruktiv eingesetzt hatte, interpretierte Lessing als Weltenplan, in dem sich ein innerweltlicher Gott neu inkarnierte.

Spekulation ist ein heikles Geschäft, das zur Selbstüberschätzung neigt. Kann dieses Geschäft glaubwürdig sein? Religion ist immer eine rhetorische Veranstaltung, sie ist wortförmig. In ihrer Fassung als Theo-logie, ist sie, genau übersetzt, gotteswortig. Ihre Rhetorik ist genau die intellektuelle Hochseilartistik, die ihren riskanten Reiz ausmacht. Ich vermute, diese Art des rhetorischen Gottes-Umgangs, dieses spekulativen Geistaufschwungs, ist nur in den Ländern verständlich, die selbst durch den Charakter des Logos geprägt sind. Es handelt sich um Wort-Religionen; und der Umgang mit diesen Religionen, die Versuche, sie sich entwerfend anzueignen, ist spekulative Tradition und traditionelle Spekulation.

Die hier vorgelegten Stücke sind allesamt Spekulationszumutungen mit hohem Risiko für ihre Kreditwürdigkeit. Sie reizen die Religion theologisch aus, bis an die Grenzen. Zerstören die Spekulationen wie die dargestellten *à la longue* den Kredit der Religion, und ist schlichte Frömmigkeit der Religion bekömmlicher als intellektuelle Bemächtigungsansprüche? Wenn man wüsste, was Religion ist! Auch nach dem Durchgang durch die Themen dieses Büchleins undefiniert, undefinierbar; und doch vielleicht schwer entbehrlich, sofern man bei Sinnen und bei Troste sein will. Jedenfalls tut die religiöse Spekulation so, als ob sie solchen Sinn und Trost bereithielte.